D1870559

Mecka Lind

Isabel – Ein Straßenkind in Rio

Mecka Lind,

geboren 1942 in Südschweden, ist Journalistin und freie Autorin. Für diesen Roman hat sie mehrere Monate in Rio de Janeiro recherchiert und mit Straßenkindern zusammengelebt. Ihr Buch über die Straßenkinder in Kopenhagen, »Manchmal gehört mir die ganze Welt«, wurde 1993 mit dem Buxtehuder Bullen ausgezeichnet.

Mecka Lind

Isabel

Ein Straßenkind in Rio

Aus dem Schwedischen
von Regine Elsässer

Arena

Der Titel der Originalausgabe lautet:
»Isabel – en roman om ett gatubarn i Rio de Janeiro«
© 1994 by Mecka Lind
Originalverlag:
Kerstin Kvint Literary & Co-Production Agency, Stockholm

1. Auflage 1995
© by Arena Verlag GmbH, Würzburg 1995
Alle Rechte vorbehalten
Aus dem Schwedischen von Regine Elsässer
Einband und Reihenlayout: Wolfgang Rudelius
Trotz zahlreicher Bemühungen ist es uns leider nicht gelungen, den Urheber des Umschlagfotos zu ermitteln. Wir bitten ihn daher, sich an den Arena Verlag zu wenden.
Gesamtherstellung: Westermann Druck Zwickau GmbH
ISBN 3-401-04622-5

Für Grasiela

Sie heißt Isabel und ist zwölf Jahre. Genau wie die übrigen Mädchen in der Bande ist sie schwarz. Sie hat ebenso lockige Haare wie die anderen und braune Augen. Große braune, fast schwarze Augen.
Sie geht mit entschlossenem Schritt und gesenktem Kopf. Sie will so wenig Aufmerksamkeit wie möglich erwecken. Doch dann fällt ihr noch ein Ort ein, wo sie suchen könnte, und plötzlich hat sie es eilig.
Unten an der Copacabana, am Strand, es ist fast lächerlich einfach. Bestimmt hat Luiz den Ort deshalb auch als sein Versteck ausgesucht. Er war so stolz, als er es ihr zeigte. Niemand außer ihr dürfte es kennen, hatte er damals gesagt. Und er würde sie töten, wenn sie es verraten würde. Dummerweise wurde dieser Tourist ausgerechnet da niedergestochen, und seither hat sich keiner von ihnen auch nur in die Nähe getraut.
Aber das ist alles lange her, und sie darf jetzt nichts dem Zufall überlassen.
Um sie herum tobt der Verkehr. Der Pulsschlag dieser Stadt geht schnell. Das ist immer so. Aber gerade jetzt ist er besonders schnell, weil es auf Karneval zugeht und immer mehr Touristen kommen.

Isabel bewegt sich schnell und sicher zwischen den Autos und Bussen. Sie weiß, daß keiner auch nur im Traum daran dächte, wegen ihr auf die Bremse zu treten.

Sie geht eine bestimmte Querstraße hinunter zur Avenida Atlántica. Das ist eine von den Straßen, wo Sidneys Bande sich normalerweise aufhält, aber heute ist keiner da.

Isabel ist übel, und sie ist kurz davor, sich zu übergeben. Es ist eine Weile her seit dem letzten Mal; sie hatte geglaubt, es sei vorbei. Nicht, daß sie ein Kind erwartet, das weiß sie, auch wenn sie immer wieder versucht, es zu vergessen. Aber die Übelkeit . . . sie hatte gehofft, daß das wenigstens vorbei wäre. Es kann natürlich auch eine Reaktion auf die widerwärtige Nacht sein, die sie hinter sich hat.

Es wird besser werden, wenn sie Luiz von dem Kind erzählt. Sie hat sich zuerst nicht getraut, weil sie fürchtete, er würde sie zum Teufel jagen. Seit sie sich prostituiert, kann er zudem behaupten, das Kind sei nicht von ihm, sondern von irgendeinem Freier. Aber jetzt will sie doch einen Versuch wagen. Nach so einer Nacht wird sie es auch ertragen, wenn er »nein« sagt. Wenn sie ihn nur findet.

Die Übelkeit nimmt zu. Sie schaut sich verzweifelt um. Sie darf sich hier nicht übergeben. Hier sind zu viele Touristen. Überhaupt zu viele Leute. Und drüben beim Straßencafé sieht sie einen Wachmann und einen Polizisten.

Sie läuft zu einem Busch, der einigermaßen sicher aussieht und kriecht so tief wie möglich hinein, dann entspannt sie sich und würgt sich die Galle aus dem Leib.

Aber obwohl sie alles getan hat, um nicht gesehen zu werden, sind der Wachmann und der Polizist schon auf dem Weg zu *ihr. Sie rennt los, und bald spürt sie den weichen Sand der Copacabana unter den Füßen. Hier unten haben sie keine Chance, sie einzuholen. Sie dreht sich um. Niemand folgt ihr. Aber sie ist sehr vorsichtig, als sie sich den rostigen Tonnen nähert. Sie klettert dahinter und flüstert: »Luiz! Bist du da? Ich bin's, Isabel.«*

Keine Antwort. Für einen Moment wird sie von Angst gepackt, und sie will ihr »Luiz, wo bist du?« hinausschreien. Was ist passiert? Wo ist er denn? Wo sind die anderen aus ihrer Bande? Und wo sind überhaupt all die anderen Straßenkinder? Was ist passiert heute nacht, als sie mit diesem Schwein zusammen war und all seine Widerwärtigkeiten über sich ergehen lassen mußte? Sie hatte geglaubt, daß sie danach für immer zerstört wäre, aber offenbar gibt es in ihr immer noch etwas, was verletzlich ist. Sonst würde sie nicht diese fürchterliche Angst verspüren.

Aber auch Angst macht müde, und so schläft Isabel schließlich in einer der Tonnen ein.

Heute morgen war sie so sicher gewesen, daß sie unterwegs zu Luiz und den anderen war. Jetzt ist sie überhaupt nicht mehr sicher.

Sie ist seit fast vier Jahren in Rio de Janeiro, aber sie hat sich noch nie so einsam und verlassen gefühlt.

1

Rio de Janeiro. Die große, schöne Stadt. Die weiße und grüne Stadt. Das Paradies. Genau so beschreibt Sandra, Isabels ältere Schwester, Rio. Genau mit diesen Worten erzählt sie ihr davon, als sie zu Hause unter der Palme vor der Hütte sitzen.

Sandra lehnt mit dem Rücken am Baumstamm, Isabel liegt ausgestreckt am Boden, den Kopf auf dem Schoß ihrer Schwester. Sie hört aufmerksam zu, wenn Sandra von all den wunderbaren Dingen erzählt, die sie erleben wird. Sandra wird einen weißen Mann kennenlernen. Einen reichen weißen Mann. Nicht so einen fetten, aufgedunsenen wie den Besitzer der Fazenda* und dessen Freunde. Nein, er ist groß und schlank, hat blonde Haare und blaue Augen und kommt aus Amerika. Er ist Tourist, und sie werden sich in Rio de Janeiro begegnen. Er verliebt sich in sie und bittet sie, ihn zu heiraten und mit ihr nach Hause zu kommen. Ohne sie fährt er nicht zurück.

»Und was wird aus mir?« fragt Isabel wie immer an dieser Stelle.

»Wenn ich neue Kleider habe und so elegant bin, daß niemand mich erkennt, nicht einmal die alten Männer von der Fazenda, dann komme ich und hole euch alle. Dann bekommen Mutter und Vater Geld, damit sie sich ein kleines Haus in Amerika kaufen können, und keiner muß mehr arbeiten. Und ihr, ihr bekommt schöne Kleider und besucht

---

* Fazenda = großes Landgut, Farm

alle die Schule, und dann gehen wir jeden Tag ins Restaurant und essen, was und wieviel wir wollen.«
So sitzen sie und träumen abends vor der Wellblechhütte, in der sie zu acht wohnen. Mutter, Vater und die sechs Geschwister. Sandra ist die älteste, und sie ist sehr schön. Sie ist neunzehn Jahre alt, als es passiert. Norman ist sechzehn. Roberto vierzehn. Lili zwölf. Eric zehn, und Isabel ist gerade acht geworden.

Es ist ein drückendheißer Nachmittag. Da kommt völlig unerwartet ein Auto von der Fazenda zur Hütte gefahren. Zwei weiße Männer steigen aus und werfen ihnen den toten Körper des Vaters vor die Füße.
»Es war die Hitze«, sagen sie und fahren wieder weg.
Aber die Familie weiß, wie kraftlos und schwach der Vater war. Es gab lange Zeit nicht genug zu essen. Außerdem sehen sie die Peitschenhiebe auf seinem Rücken.
Keiner von ihnen weint. Nicht einmal die Mutter. Sie faßt sich nur instinktiv an den Bauch, in dem schon wieder ein Kind ist.
Norman und Roberto heben das Grab aus. Mama, Sandra, Lili, Eric und Isabel suchen ein paar Lumpen zusammen, in die sie den Körper einwickeln können. Sie legen ihn vorsichtig in das Loch und schaufeln Erde darüber. Mama spricht ein kurzes Gebet. Dann gibt es keinen Vater mehr. Jetzt haben sie nicht einmal mehr sein kleines Einkommen.

Am nächsten Morgen sind Norman und Roberto verschwunden. Niemand stellt Fragen. Alle wissen, daß die beiden nach São Paulo oder Rio abgehauen sind. Wahrscheinlich werden sie sie nie wiedersehen.

Als die weißen Männer kommen und sich beschweren, daß die Jungen nicht bei der Arbeit sind, zuckt die Mutter nur mit den Schultern. Die Männer schauen sie kritisch an, und dann sagen sie frei heraus, daß sie sie und die Kinder nicht mehr gebrauchen können. Es hilft nichts, als die Mutter beteuert, wie sehr sie arbeiten würden. Sie sollen die Hütte in einer Woche räumen. Und das sei, betont einer der Männer, noch sehr entgegenkommend vom Besitzer der Fazenda. Viele Familien mit großen starken Männern würden schon darauf warten, die Hütte zu übernehmen. Aber da Sandra sich inzwischen im Haushalt des Besitzers nützlich machen könne, würde dieser Gnade vor Recht ergehen lassen.

Sandra weiß genau, was das bedeutet. Sie bekommt die große »Ehre«, abends bei den Saufgelagen auf der Fazenda zu bedienen und sich nachts vergewaltigen zu lassen. Isabel weiß es auch. Sandra hat ihr schon erzählt, wie es dort zugeht.

»Am besten kommst du gleich mit uns«, sagt der Fahrer.

Sandras Augen sind schwarz vor Haß, als sie das Umschlagtuch nimmt und sich in den Lastwagen setzt.

»Wenn du zurückkommst, ziehen wir zu Onkel Alberto«, ruft die Mutter ihr nach.

Als ob das ein Trost wäre. Onkel Alberto wohnt und arbeitet mit seiner Familie auf einer anderen Fazenda, hundert Kilometer weiter im Landesinneren. Isabel ist vor zwei Jahren mit ihrer Mutter dort gewesen. Deshalb weiß sie, daß die Verwandten mindestens genauso arm sind wie sie selbst. Außerdem erinnert sie sich, daß Onkel Alberto alle geschlagen hat, die ihm in die Quere kamen. Er schlug seine Frau und seine Kinder, er schlug Isabel und ihre Mutter. Er trank jeden Abend Cachaça*, den er von seinem kärglichen Lohn kaufte, und wenn er betrunken war, drehte er durch. Meint die Mutter es wirklich ernst, daß sie dorthin ziehen will? Aber wo sollen sie denn sonst hin?

Isabel glaubt, daß es eine ganze Woche dauern wird, bis sie Sandra wieder zu sehen bekommt. Aber schon in derselben Nacht wacht sie von aufgeregtem Flüstern vor der Hütte auf. Sandra und die Mutter reden miteinander. Isabel spürt sofort, daß etwas nicht stimmt, und die Unruhe treibt sie ins Dunkel hinaus.

Sie versteckt sich in der Nähe, bis zum äußersten angespannt, um alles zu verstehen, was sie sagen.

Sandras Gesicht sieht im Mondschein erschreckend hart aus. Die Mutter sitzt neben ihr, zusammengekauert, als ob sie so klein wie möglich werden wolle, vor etwas viel zu Großem und Schrecklichem.

»Bist du ganz sicher, daß du ihn getötet hast?« fragt sie mit dünner Stimme.

»Ich habe ihm das Messer in den Bauch gestoßen, und er ist zusammengefallen wie ein leerer Sack«, sagt Sandra.

»Hättest du nicht noch ein paar Tage aushalten können . . . uns zuliebe?«

»Ich habe es lange genug ausgehalten, Mama. Und jetzt

---

* Cachaç = Zuckerrohrschnaps

hau' ich ab. Euch rate ich, schon heute nacht zu Onkel Alberto aufzubrechen. Ich weiß nicht, was sonst passiert.«
Es ist eine Weile still. Dann küßt Sandra die Mutter auf beide Wangen und hebt ein Bündel auf, das neben ihr liegt. Und im nächsten Augenblick ist sie auch schon bei den Zuckerrohrfeldern, die sich bis zur großen Landstraße erstrecken.
Isabel zögert nicht. Sie hat keine Zeit zu verlieren. Aber sie hält Abstand, denn sie ahnt, daß Sandra sie nicht dabeihaben will.
Oben an der Straße duckt sie sich in den Graben. Sandra hat sich auch versteckt, allerdings auf der anderen Seite. Vermutlich wartet sie dort, bereit herauszuspringen, sobald sie ein Auto sieht, das nicht zur Fazenda gehört. Glücklicherweise kennt sie die meisten Autos von da oben.
Es dauert lange, bis überhaupt ein Auto kommt, und als es endlich so weit ist, läßt sie es vorbeifahren.
Kurz nachdem das erste Auto im Dunkel verschwunden ist, hört Isabel in der Ferne Hundegebell. Sie suchen jemanden, und wenn ihre Schwester einem der Männer ein Messer in den Bauch gerammt hat, ist es nicht schwer, sich auszurechnen, wen sie suchen.
Jetzt nähert sich ein kleinerer Lastwagen. Isabel glaubt schon, daß Sandra auch den vorbeifahren läßt, da steht ihre Schwester plötzlich auf der Straße und winkt wild mit den Armen. Die Reifen quietschen beim Bremsen, und während Sandra mit dem Fahrer redet, läuft Isabel schnell auf die Straße. Als Sandra schließlich ins Fahrerhäuschen klettert,

ist Isabel schon auf der Ladefläche und versteckt sich zwischen einigen Säcken.
Das Geräusch des Motors und das Rütteln des klapprigen Lastwagens schläfern sie ein. Sie wacht von einem Schrei auf und weiß erst nicht, wo sie ist. Warum spürt sie nicht Lilis oder Mamas warmen Körper neben sich? Sie starrt in den Himmel hinauf, sieht den Vollmond hinter einer Wolke verschwinden und erinnert sich. Sie ist mit Sandra irgendwohin unterwegs. Jetzt weiß sie auch, woher der Schrei kam, und sie merkt, daß das Auto gar nicht mehr fährt.
Hinten im Fahrerhäuschen ist ein kleines Fenster. Dort kriecht Isabel hin. Sie sieht, wie Sandra mit dem Mann da drinnen kämpft. Aber nach einer Weile ist es genauso wie nachts bei Mama und Papa. Sie erinnert sich an Papas Stöhnen und an seinen schweren Atem, an Mamas Jammern und die immer heftiger werdenden Bewegungen, bis es plötzlich wieder ganz still war.
Einmal haben Mama und Papa Isabel hinterher angeschaut, und weil sie merkten, daß sie wach war, hat Mama geflüstert: »So macht man Kinder.«
Isabel hat an der Stimme gehört, daß Mama dabei lächelte. »So bist auch du gemacht worden.«
Als sie es Sandra unter der Palme erzählte, sagte diese kurz und kalt: »Mama und Papa sind verheiratet, und sie mögen sich. Aber wenn die Männer oben im Haus es mit mir machen, dann macht es nur ihnen Spaß, und es ist furchtbar für mich. Das nennt man Vergewaltigung.«
Aber sie erinnert sich auch, daß Sandra gesagt hat: »Manch-

mal ist es besser, sich dreinzufinden. Es tut dann nicht so weh.«
Instinktiv versteht Isabel, daß Sandra das auch jetzt denkt. Sie findet sich drein, weil sie mit diesem Auto noch weiterfahren will.
Isabel kriecht wieder so leise wie möglich auf ihren Platz zurück. Dort liegt sie und schaut zum Mond hinauf, bis sie auf die Idee kommt nachzusehen, was in den Säcken ist. Die Knoten bekommt sie nicht auf, aber sie trägt immer ein Messer bei sich und schneidet einen großen Schlitz in den Sack, der am nächsten steht. Er ist prallvoll mit Mangos. Isabel muß vor Freude und Überraschung tief Luft holen. Dann liegt sie wieder da, ißt Mangos und denkt, daß bestimmt alles gut werden wird. Sie sind unterwegs nach Rio, dem Paradies, und da wird Sandra ihren Amerikaner finden, der ihnen das Himmelreich auf Erden bereiten wird.
Das Auto fährt wieder los, aber Isabel schläft nicht wieder ein. Sie hat Bauchweh von den vielen Mangos und kann nicht mehr liegen. Sie hat die ganze Nacht Bauchweh, bis die Sonne aufgeht. Da sieht sie plötzlich viele, viele Häuser, die immer dichter beieinanderstehen. Obwohl sie noch nie eine Stadt gesehen hat, begreift Isabel, daß sie jetzt in eine große Stadt hineinfahren.
Der Verkehr braust stundenlang um sie herum. Endlich halten sie an. Jesus, wie viele Autos und Busse es hier gibt! Isabel hält sich den Bauch, um die Schmerzen zu lindern, die nicht aufhören wollen. Sie muß jetzt bereit sein. Aber erst als Sandra aus dem Auto steigt und es schon wieder anfährt, springt Isabel hinunter.

2

Sandra ist schon losgegangen. Sie läuft in die gleiche Richtung, in die das Lastauto weiterfährt. Sie geht auf dem Bürgersteig, streift aber fast die angrenzende Hausmauer.

Isabel, die geglaubt hat, ihre Schwester würde hocherhobenen Hauptes wie eine Königin voranschreiten, wenn sie erst einmal in der Stadt ist, wird jetzt ängstlich und schleicht ebenfalls an der Mauer entlang.

Eine Frau kommt ihnen entgegen. Sie trägt eine Reisetasche und ist so schön angezogen, daß Isabel stehenbleibt und sie anstarrt. Nicht einmal auf der Fazenda waren die Frauen so angezogen. Wird Sandra so aussehen, wenn sie einmal reich ist?

Die Frau merkt, daß Isabel sie anstarrt. Ihre Blicke treffen sich, und Isabels Augen leuchten auf. Vielleicht kann sie diese Dame fragen, ob die Stadt Rio de Janeiro ist. Aber die Frau sieht Isabel auf eine Art an, daß diese automatisch auf den Boden und auf ihre nackten, schmutzigen Füße schaut. Sie geht weiter und traut sich kaum noch aufzuschauen, außer um aufzupassen, ob sie immer noch der Schwester folgt.

Plötzlich scheint Sandra zu spüren, daß sie verfolgt wird. Sie bleibt stehen und dreht sich um. Isabel bleibt auch stehen und drückt sich an die Mauer, als sie sieht, wie wütend die Schwester ist.

»Verfluchtes Balg!« schreit Sandra. »Warum zum Teufel hast du mir das angetan?«

»Ich will nicht zu Onkel Alberto, er schlägt uns«, sagt Isabel so leise, daß man es kaum hört. »Ich will bei dir sein.«
Sandra seufzt laut und sieht so abgrundtief enttäuscht aus, daß Isabel sich wegdreht.
»Verstehst du denn nicht, daß ich es nicht schaffe, wenn mir ein Kind an den Fersen klebt?«
Sandra geht weiter. Aber jetzt streicht sie nicht mehr die Wand entlang. Ihre Schritte sind sicherer und schnell.
Isabel folgt ihr hartnäckig. Nach einer Weile dreht Sandra sich wieder um.
»Verdammt noch mal!« brüllt sie.
Isabel sagt nichts. Sie wartet ab. Und schließlich packt Sandra sie fest am Arm und zieht sie hinter sich her.

»Wo sind wir denn?« fragt Isabel. Sie haben mehrere Viertel Wellblech- und Bretterhütten passiert. So eng stehen sie beieinander, als wollten sie sich gegenseitig stützen. Hin und wieder gibt es ganz schmale Gänge aus festgetretenem Lehm. Sie bemerkt, daß sich im Dunkel Menschen bewegen.
»In der Stadt, das siehst du doch«, antwortet Sandra.
»Aber in welcher Stadt?«
»Rio de Janeiro. Es wird besser, wenn wir weiter ins Zentrum kommen. Das hier sind nur die Außenbezirke.«
»Und wohin gehen wir dann im Zentrum?«
»Zum Strand . . . zur Copacabana.«
Sie laufen den ganzen Tag. Nie hätte Isabel geglaubt, daß eine Stadt so groß sein kann.
Aber wenn das hier das Rio de Janeiro sein soll, von dem

Sandra so viel erzählt hat, ist sie enttäuscht. Wo sind all die weißen Häuser und grünen Bäume? Die Leute, die in diesen Bretterhütten hausen, sehen nicht aus, als ob sie im Paradies lebten. Sie wohnen ja noch schlechter als zu Hause. Isabel ist ganz wirr im Kopf von all dem Verkehr, der einen tosenden Geräuschmantel um sie legt.

Zweimal hält Sandra an, um auszuruhen. Einmal kauft sie Fleischtaschen und das andere Mal ein paar Bananen. Isabel ist erst darüber erstaunt, daß ihre Schwester Geld hat. Sie hat ein ganzes Bündel mit Geldscheinen. Sicher hat sie es dem Mann gestohlen, den sie niedergestochen hat. Es ist ja gut, daß sie Geld hat!

Als die Sonne hinter den Bergen verschwindet, ist Isabel überzeugt davon, daß sie sich verirrt haben. Warum fragt Sandra nicht, wo dieser Strand liegt?

Schließlich läßt ihre Schwester sich neben einem Bretterzaun auf den Boden fallen.

»Wir gehen morgen weiter«, sagt sie.

Sollen sie hier schlafen? Mitten auf dem Weg? Ja, offensichtlich, Sandra hat schon ein Kissen aus ihrem Bündel gemacht und sich der Länge nach ausgestreckt.

Das Dunkel breitet sich über sie. Sie sind nicht die einzigen, die neben dem Bretterzaun übernachten wollen. Ein paar Leute haben ein Feuer gemacht und wärmen etwas in einer Blechbüchse. Isabel bekommt wieder Hunger, als sie es riecht, sagt aber nichts. Sie rollt sich zu Füßen ihrer Schwester zusammen und schläft ein.

Als Sandra am nächsten Morgen bei einer Frau Brot kauft,

fragt sie endlich nach dem Weg. Die Frau zeigt in eine Richtung, und sie gehen los.
Nach ein paar Stunden werden die Häuser größer und schöner, und am Nachmittag kommen sie zu einem offenen Platz zwischen riesigen Glaspalästen. Das ist prächtiger, als Isabel es sich in ihren wildesten Phantasien hätte vorstellen können. Was sie jedoch am meisten fasziniert, sind die Schaufenster. Noch nie in ihrem Leben hat sie ein Schaufenster gesehen, und hier gibt es so viele und mit so merkwürdigen und spannenden Dingen darin. Sandra muß ihre Schwester ziehen, damit sie weiterkommen.
Isabel hat auch noch nie so viele Leute auf einmal gesehen. Es wimmelt nur so von Menschen. Und fast alle sind sehr schön angezogen. Sie müssen sehr reich sein. Natürlich gibt es auch Leute wie Sandra und sie selbst. Aber für die interessiert sie sich nicht.
Nach einer Weile bleiben die Schwestern gleichzeitig stehen. Sie sagen kein Wort. Sandra hält Isabels Hand und drückt sie fest. Es ist ein magischer Augenblick. Sie sehen beide zum ersten Mal das Meer.
Dann laufen sie über die große Straße und den grünen Park hinunter zu dem glitzernden Blau.
»Ist das die Copacabana?« fragt Isabel.
»Ich glaube nicht. Ich habe gehört, daß es an der Copacabana Sand gibt.«
Jetzt ist Sandra wieder zuversichtlich und fragt die erstbeste Frau, die vorbeikommt. Aber die Frau tut so, als sähe sie sie nicht. Dabei ist auch sie schwarz. Isabel merkt, daß Sandras Lächeln verschwindet. Da sieht sie eine Mutter mit

Kindern, die vor einem Restaurant sitzt und bettelt. Sie läuft zu ihnen und kommt bald zu Sandra zurück, über das ganze Gesicht strahlend.

»Sie sagt, wir sollen dem Meer folgen, dann kommen wir zu einem Sandstrand, dann zu noch einem anderen, dann sollen wir zur Straße hinauf und durch einen Tunnel, und dann sind wir auf der Copacabana!«

Genau wie die Frau gesagt hat, kommen sie zuerst zu einem Sandstrand und dann zu noch einem, und Isabel findet ihn so schön, daß sie am liebsten hierbleiben würde. Aber Sandra ist fest entschlossen weiterzugehen, und nachdem sie noch einmal gefragt haben, sind sie im Tunnel. Das ist gruselig, denn die Autos donnern vorbei, und Isabel wird es übel von den Abgasen.

Sie treffen eine Gruppe Jungen und Mädchen verschiedenen Alters. Ein älterer Junge sagt unverschämte Sachen zu Sandra, aber sie geht weiter, ohne ihn auch nur anzuschauen. Plötzlich bemerkt Isabel, daß eines der älteren Mädchen ihnen nachgeht. Ein Messer blitzt auf.

»Her mit dem Geld!« sagt das Mädchen zu Sandra. »Sonst werde ich dich kennzeichnen, daß du nie mehr im Leben eine Chance hast, als Hure dein Geld zu verdienen.«

Schnell durchsucht das Mädchen Sandras Kleidertaschen, holt triumphierend das Bündel Geldscheine heraus und läuft zurück zu den anderen.

Sandra zuckt mit den Schultern und geht weiter. Isabel spürt einen grimmigen Hunger, als sie daran denkt, was sie alles für das Geld hätten essen können.

Schließlich stehen sie wirklich auf der Avenida Atlántica

mit all den Restaurants, Nachtclubs, Straßencafés und Geschäften, und der ganze Strand liegt vor ihnen. Die blaugrünen Wellen kommen ihnen entgegen und brechen in weißen Schaumbergen, benetzen den Sand und verschwinden wieder im Meer.
»Die Copacabana«, sagt Sandra feierlich.
Isabel sieht es, nickt und versteht.
»Hier wirst du ihn also finden«, sagt sie.
»Wen denn?«
»Na, den reichen Amerikaner.«
»Ach ja, genau.« Sandra lacht, und dann rennen die beiden Mädchen, so verschwitzt und abgekämpft, wie sie sind, zum Meer hinunter und werfen sich mit ihren Kleidern ins Wasser. Sie scheren sich nicht um die Touristen, die sie mißtrauisch anstarren. Endlich sind sie angekommen.

3

Sie schaffen es, trocken zu werden, bevor die Sonne untergeht. Dann setzen sie sich auf die Mauer, die am Strand entlangläuft, und schauen zu, wie die Neonlichter angehen, Reklameschilder blinken, und es langsam dunkel wird. Bald ist die Strandpromenade voll mit Leuten, die auf- und abschlendern.
»Wie lange, meinst du, wird es dauern, bis er dich findet?« fragt Isabel.
Sandra antwortet nicht. Sie schaut statt dessen das Mäd-

chen an, das direkt auf sie zukommt. Es ist ein Mädchen in Sandras Alter, vielleicht ein bißchen älter. Ihr rotgeschminkter Mund leuchtet wie eine Blume. Ihre Augen sind völlig ausdruckslos. Sie trägt einen kurzen, engen Rock und ein Top, das fast nichts bedeckt. Und was für Schuhe sie anhat! Schuhe mit sehr hohen und sehr dünnen Absätzen. Sie bleibt vor ihnen stehen und glotzt sie an. Ihre Kiefer bearbeiten heftig ein Kaugummi.

»Ihr kommt direkt aus der Pampa, wie ich sehe.«

»Das geht dich wohl nichts an«, antwortet Sandra so dreist wie möglich.

»Nein, aber du solltest wissen, daß hier bestimmte Regeln herrschen, wenn du keinen Ärger kriegen willst.«

Sie deutet auf ein erleuchtetes Haus.

»Das Restaurant und die Bar sind besetzt, damit du es nur weißt. Und ich glaube auch nicht, daß eins von den anderen frei ist. Wenn wir dich hier erwischen, dann gute Nacht.«

»Uns interessiert das blöde Restaurant überhaupt nicht«, sagt Sandra, »wir warten auf einen Freund.«

Das Mädchen schaut von Sandra zu Isabel und lacht laut und heiser.

»Wenn man so aussieht wie ihr, dann hat man nicht viele Freunde. Wenn ich du wäre, würde ich das Balg nehmen und wieder dahin verschwinden, wo ich hergekommen bin, und zwar so schnell wie möglich.«

»Das kann ich nicht«, sagt Sandra. »Ich habe dort einem ein Messer in den Bauch gerammt.«

Das Mädchen hebt nicht einmal eine gezupfte Augenbraue.

»Mir ist es ja scheißegal, wo du arbeiten willst, aber sieh zu,

daß du zuerst was zum Anziehen bekommst. Hier unten hast du keine Chance, so wie du aussiehst. Die Rotznase soll dir helfen. Sie hat die richtigen Augen, groß und traurig, sie sieht auch bedauernswert genug aus, um den Leuten das Geld aus der Tasche zu ziehen.«
Sandra schaut dem Mädchen lange nach.
»Sie hat recht«, sagt sie dann. »Ich brauche neue Kleider.«
Dann mustert sie Isabel.
»Du könntest es wenigstens versuchen«, sagt sie. »Guck, wie die anderen Kinder es machen. Die da drüben zum Beispiel. Guck, wen sie sich aussuchen zum Anbetteln und wie sie sich dabei anstellen. Mach es genauso. Es müßte gehen. Du siehst wirklich mindestens so bedauernswert aus wie sie.«
Es tut Isabel weh, daß ihre Schwester so etwas sagt. Zu Hause unter den Palmen hat Sandra immer geschwärmt, daß Isabel so schöne Augen hat, daß sie fast neidisch werden könnte.
»Ich will nicht betteln«, sagt sie leise.
»Du wolltest unbedingt mitkommen, also kannst du auch mithelfen. Ich geh' mal eine Runde, und du probierst es wenigstens!«
Sandra schlendert die Promenade entlang. Isabel steht verlassen da und schaut ihr nach. Zuerst ist sie außer sich vor Angst. Wenn Sandra nicht zurückkommt, sondern einfach in der Menschenmenge verschwindet, was dann? Voller Panik läuft sie ihr nach.
»Du darfst mich nicht allein lassen«, bittet sie, und Tränen steigen ihr in die Augen, ohne daß sie es verhindern kann.

Sandra wird weich.
»Ich lass' dich nicht allein«, beruhigt sie Isabel. »Aber wir müssen uns gegenseitig helfen, Geld zu verdienen. Was du tun kannst, ist betteln, und das geht besser, wenn du allein bist. Da siehst du so klein und hilflos aus, daß sie dir einfach was geben müssen!«
»Was soll ich denn sagen?«
»Streck einfach die Hand aus.«
Sandra zeigt auf ein Touristenpaar, das ihnen gerade entgegenkommt.
»Versuch's mit denen!«
Isabel geht unsicher auf sie zu, sie muß blinzeln, um die Tränen zurückzuhalten. Deshalb sieht sie die zwei alten Damen nicht und läuft direkt in sie hinein. Sie entschuldigt sich und steht dann wie versteinert da, als das Touristenpaar näher kommt. Sie ist mitten in einer Bewegung stehengeblieben, mit ausgestreckter Hand, und nach der Entschuldigung kriegt sie kein Wort mehr heraus.
Die eine der Damen sagt etwas in einer Sprache, die sie nicht versteht, aber der Klang der Stimme ist so warm, daß sie sich gleich ein bißchen besser fühlt und die Damen anlächelt. Beide drücken ihr einen Schein in die Hand. Die eine streicht ihr sogar über die Haare, bevor sie weitergeht.
Isabel schaut erstaunt die Scheine an. Sie kann noch nicht zählen, aber es ist bestimmt viel Geld.
»Gut«, hört sie Sandras Stimme. »Weiter so, wir werden es schon schaffen!«
Sie reißt Isabel die Scheine aus der Hand, und das ist auch gut, denn es nähert sich eine ganze Bande Jugendlicher,

angeführt von einem Jungen, der so ungefähr elf Jahre alt ist. Trotz der Wärme hat er eine pelzgefütterte Wildlederjacke an, die ihm bis zu den Knien reicht. Die Shorts, die ihm auch zu groß sind, hat er mit einer Schnur zusammengebunden, damit sie oben bleiben. An den Füßen hat er ein Paar alte Plastiksandalen. Seine Haare sind ein einziger schwarzer Wuschelkopf.
Er tut so, als sähe er Isabel überhaupt nicht und fixiert Sandra.
»Gib das Geld her!« sagt er. »Das hier ist unser Viertel, und hierher kommen keine Landpomeranzen und stehlen unser Geld.«
Sandra sieht zuerst ein bißchen überrumpelt aus, fängt sich aber schnell und hat plötzlich das Messer in der Hand.
»Hau lieber ab, ehe ich dich aufschlitze, so wie ich es mit dem letzten Kerl gemacht habe, der mich geärgert hat«, droht sie.
Da lacht er laut auf.
»Okay, wenn du auf diesem Strich hier huren willst, dann versteh' ich, daß du Geld brauchst, um dich aufzumotzen, denn so wie du aussiehst, nimmt dich wirklich niemand.«
Isabel schaut ihn bewundernd an, er kratzt seine nackte Brust, die unter der Lederjacke hervorschaut. Er dreht sich um und bückt sich nach einer Kippe, die gerade jemand weggeworfen hat. Mit lässigen Bewegungen holt er ein Feuerzeug hervor, steckt sich die Kippe an und macht einen Zug. Dann gibt er der Bande ein Zeichen. Sie gehen weiter.
»Na, der!« sagt Sandra lachend.
»Was machen wir mit dem Geld?«

»Genau, was sie alle sagen, Kleider für mich beschaffen, damit ich arbeiten kann.«
»Was willst du denn arbeiten?« fragt Isabel, obwohl sie die Antwort ahnt.
»Das gleiche wie auf der Fazenda, aber jetzt lasse ich mich wenigstens bezahlen«, sagt sie. »Von irgendwas müssen wir schließlich leben.«
»Ich kann weiter betteln«, schlägt Isabel vor.
»Das ist gut«, lächelt Sandra . »Aber ich glaube nicht, daß du damit rechnen kannst, jedes Mal so viel zu bekommen. Du hast Glück gehabt. Jetzt gehen wir zu dem Typen da drüben, der Kleider verkauft, und sehen, was er haben will für ein paar Sachen, die ein bißchen flotter aussehen als dieser alte Lumpen.«
Der Typ mustert Sandra so eingehend, daß sie rot wird.
»Heute angekommen, was?« fragt er und verzieht das Gesicht zu einem Lächeln. »Suchst du Arbeit? Ich habe einen Freund, der dich vielleicht nehmen würde. Eins von seinen Mädels ist heute morgen abgehauen. Er ist hart, aber das ist nötig, und wenn du dich gut führst, kann er richtig anständig sein.«
»Ich will nur was Schönes zum Anziehen kaufen«, sagt Sandra.
»Falls du vorhast, alleine zu arbeiten, vergiß es«, grinst er. »Hier unten hast du keine Chance. Und was ist das überhaupt für eine Rotznase, die du da mitschleppst?«
»Das ist meine Schwester«, sagt Sandra, und es klingt auf einmal unsicher.
»Schick sie zurück!«

Sandra zeigt ihm die Scheine.
»Das hat sie schon zusammengebettelt.«
Jetzt mustert der Typ Isabel.
»Tja, sie kann es vielleicht lernen. Schade, daß sie nicht ein paar Jahre älter ist. Immer mehr verlangen heutzutage nach ganz Jungen, am liebsten Kindern.«
»Meine Schwester soll nicht in dieser Scheiße landen«, sagt Sandra böse.
»Das wird sie früher oder später, ob du es willst oder nicht. Laß das Lausebalg hier, dann nehme ich dich mit zu meinem Freund. Er sitzt gerade da drüben im Restaurant. Okay?«
Sandra nickt stumm. Der Typ steckt zwei Finger in den Mund und pfeift so schrill, daß Isabel die Ohren weh tun. Aus dem Dunkel kommt eine ältere Frau, die den Verkauf übernimmt. Sie verspricht auch, auf das Kind zu achten.
Als Isabel sieht, wie Sandra verschwindet, bekommt sie wieder Angst. Sie läßt die zwei nicht aus den Augen, und als ein paar Touristen die Frau nach den Preisen von T-Shirts fragen, haut sie ab.
Sandra und der Typ gehen zu einem Straßencafé. Isabel versteckt sich hinter der Hecke, die das Café bis hin zur Straße einrahmt. Von hier aus kann sie gut sehen. Die beiden gehen zu einem Tisch, an dem ein Mann sitzt und Bier trinkt.
Sandra bekommt auch etwas zu trinken, aber sie sitzt hauptsächlich da und starrt ins Glas. Die beiden anderen reden und stellen Fragen. Ab und zu nickt sie als Antwort. Schließlich drückt der Mann dem Typ vom Kleiderstand

ein paar Scheine in die Hand, dann steht er auf und macht ein Zeichen, daß Sandra ihm folgen soll.
Sie verlassen das Restaurant und die Strandpromenade und gehen eine Querstraße hinauf, biegen in eine weitere ab und dann in noch eine. Es wird immer dunkler um sie herum, und Isabel, die dicht hinter ihnen geht, ist froh darüber. Da sehen sie sie nicht so schnell, falls sie sich umdrehen sollten.
Als Sandra und der Mann in einem Haus verschwinden, setzt sie sich hinter einen Busch auf der anderen Straßenseite. Sie muß lange warten und denkt irgendwann darüber nach, wo sie schlafen soll, wenn Sandra heute nacht nicht wieder herauskommt.
Sie kann vielleicht zum Strand hinuntergehen. Da gibt es bestimmt irgendwo ein Plätzchen, wo sie sich zusammenrollen kann. Aber wenn Sandra trotz allem wiederkommt und sie ist nicht da, wie sollen sie sich da je wiederfinden. Sie beschließt, hinter dem Busch zu bleiben.
Ihre Gedanken wandern zur Mutter und zu den Geschwistern. Es wäre vielleicht doch besser gewesen, wenn sie mit zu Onkel Alberto gegangen wäre. Sie hat immer mehr Zweifel an Sandras Geschichte mit dem reichen Amerikaner. Auch wenn ein Teil von dem Rio, das sie gesehen hat, sehr schön war. So wie sie es erträumt hat, ist es nicht. Es ist eine Stadt, in der man reich und schön sein muß, wenn man sie Paradies nennen will.
Sie wird morgen mit Sandra reden. Sie wird sie um Hilfe bitten, damit sie zurückfahren kann. Vielleicht ist Onkel Alberto ja gar nicht so schlimm.

Isabel ist noch ganz in Gedanken versunken, als die Tür im Haus gegenüber aufgeht und eine junge Frau herauskommt, die ungefähr so angezogen ist wie das Mädchen, das sie an der Strandpromenade getroffen haben. Bevor die Tür wieder zuschlägt, sieht Isabel im Lichtschein, daß sie auch so geschminkt ist. Ihre hohen Absätze klappern auf dem Asphalt auf dem Weg hinunter zur Copacabana.

4

Isabel weiß eigentlich nicht, woran sie ihre Schwester erkennt. Vielleicht eine Bewegung, irgend etwas an der Art zu gehen. Aber auf einmal ist sie sicher. Sie holt erstaunt Luft und läuft ihr dann auf nackten Füßen hinterher.

Sandra schaut sie ärgerlich an.

»Solltest du nicht bei Mario bleiben?« fragt sie.

»Mario?«

»Ja, der Typ, der mir geholfen hat, diesen Job zu kriegen.«

»Aber jetzt brauchst du doch nicht mehr zu arbeiten . . . so schön wie du bist. Jetzt wird er dich bestimmt bald finden, dieser Amerikaner.«

Da zieht Sandra Isabel in eine dunkle Ecke zwischen den Häusern.

»Jetzt hör mir mal gut zu«, zischt sie. »Wenn du nicht genau machst, was ich sage, kannst du auf der Stelle zu Onkel Alberto fahren.«

Genau darüber hatte sie ja mit Sandra reden wollen, aber

jetzt zögert Isabel. Wenn ihre Schwester es geschafft hat, so schön zu werden, wird bestimmt alles gut. Sie kann ja zumindest noch eine Weile abwarten.
»Ich werde nicht zulassen, daß du mir alles kaputtmachst«, fährt Sandra fort. »Ich habe ein Zimmer, in dem wir wohnen können. Ich werde Geld bekommen, damit wir etwas zu essen haben. Aber man darf uns nie zusammen sehen. Sonst ist alles aus.«
Isabel schüttelt energisch den Kopf. Sie wird alles machen, was Sandra sagt. Sie wird nichts kaputtmachen.
Sie gehen in Richtung Strand. Dort in der Nähe ist ihr Zimmer, erklärt Sandra. Isabel kann eine Weile darin schlafen, während Sandra Kunden aufreißt. Aber wenn sie einen Kunden hat, kommt sie zurück zum Zimmer. Dann muß Isabel abhauen und sich verstecken.
»Wie soll ich denn wissen, daß du kommst, wenn ich schlafe?« fragt Isabel.
»Ich werde den Kunden vor dem Haus warten lassen. Ich kann sagen, daß wir uns das Zimmer zu zweit teilen und daß ich erst nachschauen muß, ob das Zimmer frei ist. Ich wecke dich, und du haust ab.«
Das Haus, in dem sie wohnen werden, liegt in einer kleinen Straße ohne Geschäfte oder Restaurants. Aber es gibt einen Hausmeister, und das ist nicht gut.
»Wir gehen durch die Hintertür«, beschließt Sandra. »Ich habe einen Schlüssel. Nicht alle Kunden wollen einen Hausmeister treffen. Und du darfst nur durch diesen Eingang, merk dir das!«
Sie suchen sich ihren Weg durch den engen Hinterhof. In

einer Ecke raschelt es. Ratten, denkt Isabel, aber es macht ihr nichts aus. Sie ist von klein auf an Ratten und Kakerlaken gewöhnt.

Isabel schaut Sandra bewundernd an.

»Meinst du, ich könnte auch so ein Top und solche Shorts bekommen?« fragt sie, als sie die schmale Küchentreppe hochgehen. »Wenn ich mich richtig gut betrage.«

»Fürs Betteln bist du perfekt so, wie du bist«, sagt Sandra. Sie sind oben und probieren den Schlüssel. Die Tür geht auf, und sie stehen in einer erleuchteten Wohnung.

»Jesus«, sagt Sandra verblüfft. »Und ich habe gedacht, es wäre nur ein Zimmer.«

»Für dich ist es auch nur ein Zimmer«, sagt eine Stimme hinter ihnen. »Glaubst du, die ganze Pracht wäre für dich allein?«

Es ist das Mädchen, das sie schon früher getroffen haben.

»Du hast es also immerhin geschafft, bis hierherzukommen«, sagt sie. »Also bist du schlauer, als ich gedacht habe. Aber das Hurenbalg mußt du loswerden. Wenn der Chef die sieht, könnt ihr euch beide verpissen.«

»Ich kann gut betteln«, sagt Isabel.

»Sie hat recht«, nickt Sandra. »Das hat sie heute abend zusammengekriegt.«

Sandra zeigt ihr die Scheine, und das Mädchen sieht Isabel ein bißchen freundlicher an.

»Dann haben wir vielleicht beide etwas von ihr«, sagt sie. »Wir machen halbe-halbe. Und wenn sie nicht für sich sorgen kann, mußt du sie heimschicken. Ich heiße übrigens Regina.«

»Ich verspreche, daß man sie nicht sehen wird«, sagt Sandra und gibt den einen Schein her.
»Das ist euer Problem. Dein Zimmer ist ganz hinten. Die es bisher hatte, ist heute morgen abgehauen.«
Sandra schubst Isabel vor sich her ins Zimmer.
»Ooh«, seufzt Isabel und schaut sich um.
Ein so schönes Zimmer hat sie noch nie gesehen. Außer in dem Haus auf der Fazenda natürlich. Hier gibt es ein Bett, eine Glühlampe an der Decke, einen Spiegel und einen Stuhl. Und das phantastischste ist, daß sie hier wohnen werden!
»Du schläfst auf dem Boden«, sagt Sandra. »Wenn ich dich im Bett erwische, setzt es Prügel.«
Isabel hat ihr ganzes Leben auf dem Erdboden geschlafen und ist zufrieden damit. Der Boden ist ja ein einziger großer Teppich. Sandra mustert sich im Spiegel.
»Jetzt sollten diese Schweine auf der Fazenda mich mal sehen, was?«
»Du bist supertoll!« sagt Isabel und rollt sich auf dem Teppich zusammen.
»Ich gehe jetzt ins Restaurant«, sagt Sandra. »Wenn ich mit einem Kunden komme, dann weißt du, was los ist.«
Isabel murmelt als Antwort etwas Unverständliches. Sie schläft schon. Aber dann wacht sie auf, weil sie pinkeln muß. Wo soll sie hin? Sandra hat nichts gesagt. Sie muß auf den Hof hinunterlaufen. Aber auf dem Weg in die Halle erinnert sie sich, daß Sandra ihr einmal erzählt hat, daß man in der Stadt nicht vor den Häusern pinkelt. Man hat ein spezielles Zimmer mit einem Stuhl, in den man hineinpin-

kelt. Das hatten sie auch auf der Fazenda. Isabel war nur noch nie in so einem Zimmer, deshalb weiß sie nicht, wie es aussieht.
In der Halle ist alles still. Sie öffnet vorsichtig eine Tür und schaut hinein, aber es ist dunkel darin. Außerdem scheint es genau so ein Zimmer zu sein, wie das von Sandra und ihr. Hinter der nächsten Tür findet sie ihn dann, den Stuhl, in den man hineinpinkelt. Und in der weißen Schüssel mit den glänzenden Hähnen wäscht man sich bestimmt. Aber was ist denn das? Sie streckt sich neugierig hoch und dreht an etwas, und plötzlich steht sie mitten in einem Sturzregen. Sie ist so überrascht, daß sie patschnaß ist, bevor sie endlich zurücktritt.
Und da hört sie das gekünstelte Lachen ihrer Schwester. Isabel ist wie versteinert. Sandra wollte doch zuerst kommen und sie warnen. Wenn sie geschlafen hätte, was dann? Sie schaut durch den Türspalt. Sandra geht mit einem Mann auf ein großes, erleuchtetes Zimmer zu, das sie merkwürdigerweise vorher nicht gesehen hat. Isabel hört, wie Sandra den Mann bittet zu warten. Erst jetzt kommt sie und schaut nach. Als sie Isabel nicht findet, holt sie den Mann. Isabel pinkelt in den Stuhl. Dann geht sie in das große, schöne Zimmer. Hier steht ein Sofa, ein Tisch und zwei Sessel. Das Sofa steht fast an der Wand. Sie schiebt es ein Stück nach vorne und kriecht dahinter. Hier kann sie sich verstecken, wenn Sandra arbeitet. Sie friert in ihrem nassen Kleid und zieht es aus. Es ist besser, sich nackt hinzulegen. Schließlich schläft sie ein.
Als sie wieder aufwacht, ist es hell. Weit weg hört sie das

Hupen der Autos und das Quietschen von Bremsen. Sie nimmt ihr Kleid und geht zu der Tür, hinter der sie und Sandra wohnen. Ob sie sich trauen kann hineinzugehen? Da bemerkt sie jemanden neben sich. Es ist Mario, der Typ von gestern. Sie versucht verlegen, ihre Blöße mit dem immer noch nassen Kleid zu bedecken.
»So, hier bist du also«, sagt er, und die Ohrfeige brennt schon auf ihrer Wange.
Isabel weint nicht. Sie weint nie, wenn sie geschlagen wird. Die Hände von Vater und Mutter konnten sehr hart sein, wenn die Stimmung in der Blechhütte schlechter wurde, weil nichts mehr zu essen da war.
»Es hat mich niemand gesehen«, sagt sie. »Ich habe mich hinter dem Sofa versteckt.«
»Ich habe mit deiner Schwester geredet«, sagt Mario. »Du kannst dich vielleicht nützlich machen. Du wirst betteln, und dann wirst du mir helfen, Botengänge zu machen. Du mußt Päckchen abgeben und abholen.«
Isabel nickt stumm. Als sie in das Zimmer kommt, schläft Sandra schon. Sie legt das Kleid über die Stuhllehne. Sandra hat zwei Decken im Bett, aber sie ist nur mit einer zugedeckt. Isabel zieht vorsichtig die andere zu sich auf den Boden, und als sie sich darunter zusammenrollt, beschließt sie, noch eine Weile in Rio zu bleiben. Draußen scheint die Sonne. Ein kleiner Strahl kommt herein und verschwendet seine Wärme auf sie. Im Moment ist alles gut.

5

Isabel hat keine Ahnung, wie viele Monate sie und Sandra nun schon in Rio sind. Bei ihren Betteltouren hat sie jedenfalls nie mehr große Scheine bekommen. Meistens bekommt sie überhaupt kein Geld, höchstens Brot, das die Gäste in den Straßencafés nicht aufessen können.
Sie macht allerdings oft Botengänge für Mario. Meistens oben in der Favela*, die sich mit ihren Wellblech- und Bretterbuden den Berg hinaufzieht. Viele Augen verfolgen sie hier oben, aber niemand sagt oder fragt etwas. Nicht einmal die Kinder. Deshalb fühlt sie sich zwischen den Leuten, die hier wohnen, gleichzeitig fremd und zu Hause. Fremd, weil niemand mit ihr redet, alle so tun, als würden sie sie nicht sehen. Und zu Hause, weil die meisten Kinder genauso zerlumpt aussehen wie sie selbst.
Das erste Mal ging Mario mit. Er schärfte ihr genau ein, welche Wege sie gehen mußte. Das war gar nicht so einfach, denn es war total dunkel. Aber er jagte ihr gehörig Angst ein, was passieren würde, wenn sie den falschen Weg ginge. Er sprach von der Jungenbande, die sie zusammenschlagen würde, wenn sie diesen Weg anstelle von jenem ginge. Und von Männern, die aus dem Dunkel gesprungen kämen und sie mit Messern aufschlitzen würden, wenn sie hier den falschen Weg nähme. Sie erinnert sich also. Und es war auch gut, daß er ihr den Weg im Dunkeln zeigte, denn er schickt sie immer erst nach Sonnenuntergang los.

---

* Favela = Elendsviertel

Einmal trifft sie den Jungen mit der Wildlederjacke. Er ist allein, aber er geht an ihr vorbei, ohne sie anzuschauen. Genau wie alle anderen. Sie hat immer das gleiche Ziel: ein kleines Backsteinhaus, ein richtiges Haus mit einer Tür, die man verschließen kann. Sie klopft an und flüstert ihren Namen. Die Tür wird von einem großen schwarzen Mann geöffnet, vor dem sie große Angst hat. Er hat immer eine Pistole in der Hand. Eigentlich weiß sie nicht, wovor sie am meisten Angst hat. Vor der Pistole, vor seiner Größe oder vor seinem Lachen. Sie gibt ihm das Paket, er kehrt ihr den Rücken zu und öffnet es. Dann schreit er: »Lauf!« Und wenn sie dann den Berg hinunterhetzt, poltert das schreckliche Lachen hinter ihr her. »Lauf« ist das einzige, was er zu ihr sagt. Und sie flüstert auch nur ihren Namen.
Isabel fragt Sandra nicht mehr nach dem Amerikaner. Sie ist dankbar, wenn sie ein paar Stunden neben ihrem Bett auf dem Teppich schlafen darf. Sie bekommt auch zu essen, allerdings nicht jeden Tag. Manchmal arbeitet Sandra nicht. Sie sitzt im Restaurant, aber keiner von den Männern spricht sie an. Wenn der Chef kommt und sie ihm kein Geld geben kann, schimpft er mit ihr. Isabel hat es selbst gehört, als sie hinter der Hecke stand. Er ist nicht nett.
Eines Tages gibt Sandra Isabel ein Bündel Kaugummipäckchen, außerdem bekommt sie Shorts und ein Top von ihr, die sind fast so gut wie Sandras Kleider.
»Du brauchst jetzt nicht mehr betteln zu gehen«, sagt sie. »Du wirst von jetzt an in den Cafés Kaugummis verkaufen.«
Isabel macht, was Sandra ihr sagt, aber sie ist nicht viel

erfolgreicher als mit dem Betteln. Entweder scheucht man sie weg, als ob sie eine Art Ungeziefer wäre, oder man hört sie gar nicht. Nur eine ältere Dame sagt, das Kaugummi sei zu teuer. »Man kann es für den halben Preis am Kiosk kaufen«, sagt sie und fügt hinzu: »Ich sehe, daß deine Mama da drüben auf der Bank sitzt. Bitte sie, das Kaugummi billiger verkaufen zu dürfen, sonst wirst du nie etwas los.«

Isabel zögert, geht dann aber doch zu Sandra, die tatsächlich ein Stückchen weiter weg auf einer Steinbank sitzt und beobachtet, wie sie sich anstellt.

»Unsinn!« schnaubt sie, als Isabel ihr erzählt, was die Dame gesagt hat. »Die anderen Kinder verkaufen ja auch.«

»Aber billiger«, protestiert Isabel.

Da zieht Sandra sie zu sich heran, zerrt die Shorts herunter und zieht das kleine Höschen zwischen den Pobacken hoch, um die Formen zu betonen, die kaum vorhanden sind. Dann läßt sie den Nabel sichtbar und schiebt das Top ein Stück hoch.

»Nicht daß du viel Fleisch auf den Knochen hättest, aber so sieht es auf jeden Fall ein bißchen besser aus«, sagt sie, als sie das Ergebnis begutachtet.

Dann lächelt sie, und Isabel saugt das Lächeln hungrig in sich auf. Es wärmt sie innerlich, wo ihr so kalt ist.

»Und jetzt gehst du nicht zu irgendwelchen alten Tanten«, sagt Sandra aufmunternd. »Geh zuerst zu den Männern, die da drüben sitzen und Bier trinken, und dann zu dem einzelnen Mann am Tisch in der Ecke. Sie kaufen dir bestimmt alle etwas ab. Wackle ein bißchen mit dem Po, so wie du es machst, wenn du mich zu Hause auf unserem Zimmer nachäffst. Vergiß nicht zu lächeln, und sprich laut und deutlich, wenn sie dich etwas fragen. Nicht flüstern. Denk daran, daß wir in Rio sind, wir beide. Und ich verspreche dir, daß er bald kommen wird, dieser Amerikaner. Ich spüre es.«

Wenn Sandra so redet, ist alles nur halb so schlimm. Isabel tanzt fast zum ersten Tisch. Aber obwohl sie lächelt und laut und deutlich spricht, haben die Männer den Blick ganz woandershin gerichtet. Am Nebentisch sitzt nämlich eine Gruppe junger Touristinnen.

Isabel tänzelt weiter zu dem einzelnen Mann am Ecktisch. Er hört und sieht sie. Er trinkt einen Schluck Bier und stöhnt ärgerlich, dann wendet er sich an den Kellner, der in der Nähe wartet.

»Kann man denn nicht einmal von diesen Bälgern in Ruhe gelassen werden?« fragt er.

Der Kellner schnipst mit dem Finger nach einem Wachmann, den Isabel bisher nicht bemerkt hat. Als er auf sie zugeht, bekommt sie solche Angst, daß sie Sandra vergißt und davonläuft. Er ähnelt einem der Wachmänner auf der Fazenda, der sich immer einen Spaß daraus machte, nach ihr zu schießen, so daß die Kugeln in die Erde um sie herum einschlugen. Auch wenn er sie nicht getroffen hat, wird sie es nie vergessen.

Sie bleibt nicht eher stehen, als bis sie weit weg von dem Café ist. Dann erst dreht sie sich um, und als sie sieht, daß ihr niemand folgt, geht sie auf die andere Straßenseite und zur Steinbank zurück.

Aber Sandra ist nicht mehr da. Vielleicht hat sie auch Angst bekommen und ist abgehauen. Da geht Isabel zu ihrem Zimmer zurück. Sicherheitshalber lehnt sie sich an die Tür und lauscht. Von drinnen ist nichts zu hören. Das Zimmer ist leer. Sie legt sich auf den Teppich. Vermutlich versucht Sandra einen Kunden aufzureißen. Sie kann also die Zeit nutzen und ein Weilchen schlafen. Wenn Sandra mit einem Kunden kommt, wird sie hinausgehen und noch einmal versuchen, Kaugummi zu verkaufen. In einem anderen Café. Vielleicht hat sie da mehr Glück, denn so spät sind die meisten anderen Kinder nach Hause gegangen. Nur die Verzweifeltsten sind noch da, und die bleiben auch die ganze Nacht.
Isabel erwacht von den Sonnenstrahlen, die es ihr unter der Decke zu warm werden lassen. Sie bemerkt erstaunt, daß das Bett immer noch leer ist. Nichts deutet darauf hin, daß jemand da gewesen ist. Verschlafen setzt sie sich auf und versucht zu begreifen, was das bedeuten könnte. Da wird die Tür aufgerissen, und Regina stürzt herein.
»Raus mit dir! Hau bloß ab, bevor der Chef kommt!« schreit sie.
»Wo ist Sandra?«
»Sie ist heute nacht mit einem anderen Zuhälter nach São Paulo gefahren. Hier wird es einen verdammten Aufstand geben, und wenn du am Leben bleiben willst, dann hau ab, so schnell du kannst!«
Isabel ist schnell auf den Beinen, aber sie muß trotzdem noch fragen: »War er groß und blond und Amerikaner?«
»Er war klein und fett und ein richtiges Schwein. Er kommt

immer wieder her und reißt Mädchen für sein Bordell in São Paulo auf.«
»Aber wo soll ich denn hin?«
»Ganz egal, Hauptsache, es geht schnell. Ich mache das nur, weil ich selbst kleine Geschwister zu Hause habe«, sagt Regina, und die Verzweiflung in ihrer Stimme überzeugt Isabel, daß sie es ernst meint.
Als sie zur Tür geht, packt Regina sie und zieht ihr die Shorts, das Top und das Höschen aus.
»Ich sehe, daß dein altes Kleid da unter dem Bett liegt«, sagt sie. »Das ist besser, wenn du betteln willst. Das hier wasche ich und verkaufe es. Du mußt versuchen, in eine Bande zu kommen, dann kannst du vielleicht eine Weile zurechtkommen.«
Isabel zieht das Kleid an und verläßt die Wohnung durch den Hintereingang. Die Kaugummis hat sie auf jeden Fall noch. Sie trägt sie in einer Plastiktüte in der einen Hand. Es ist alles, was sie im Moment besitzt.

6

Isabel geht, ohne sich umzuschauen, zum Strand hinunter. Sie bleibt erst stehen, als sie am Wasser ist. Da setzt sie sich hin und malt mit einem Stöckchen in den Sand. Sie hat keinen einzigen Gedanken im Kopf. Sie sieht nicht einmal, was sie malt. Das Stöckchen bewegt sich einfach.
Hier findet er sie, der Junge mit der Wildlederjacke. Er steht

ein Weilchen in ihrer Nähe und beobachtet sie. Dann kommt er und setzt sich neben sie. Isabel bemerkt ihn erst, als er sagt: »Du bist wirklich das Erbärmlichste, was ich seit langem gesehen habe.«
Da wacht sie auf.
»Ich habe dich in der Favela gesehen«, sagt sie.
Er antwortet nicht.
»Braucht Mario wieder Hilfe mit den Päckchen?«
»Die Bullen haben ihn gestern geschnappt«, sagt der Junge und wirft einen Stein in die Wellen.
»Meine Schwester ist mit einem reichen Amerikaner nach São Paulo abgehauen«, erzählt Isabel. »Sie kommt bald wieder und holt mich. Dann fahren wir zusammen nach Amerika.«
Der Junge schweigt. Isabel malt weiter. Nach einer Weile wühlt er in der Tasche, holt einen braunfleckigen Apfel heraus und reicht ihn ihr. Sie schaut den Jungen an. Sie sieht ihm direkt in die schwarzen Augen, und aus einem Grund, den sie selbst nicht versteht, schüttelt sie den Kopf.
»Scher dich zum Teufel!« sagt er, steht auf und geht den Strand entlang.
Isabel folgt ihm. Er dreht sich um.
»Hab' ich nicht gesagt, du sollst dich zum Teufel scheren!«
Seine Stimme ist hart und kalt, aber etwas in seinen Augen läßt sie ihn anlächeln und nicken.
»Ja, das hast du gesagt.«
Er geht weiter. Isabel folgt ihm. Als er das nächste Mal stehenbleibt, dreht er sich nicht um. Er wartet, bis sie ihn eingeholt hat. Dann schaut er sie wieder an.

»Du siehst wirklich zu erbärmlich aus«, sagt er. »Ich weiß auch nicht, wozu man dich gebrauchen könnte.«
Aber er packt sie am Arm und zieht sie hinter sich her. Er geht schnell, und sein Griff ist hart. Isabel läuft so schnell sie kann, um mitzukommen. Sie hat Angst, daß er sie loslassen und weglaufen könnte.
Sie sieht nicht, wohin er mit ihr geht. Es ist ihr auch egal. Und an Sandra denkt sie auch überhaupt nicht mehr.
Schließlich kommen sie zu einer Brücke. Er läßt sie los und klettert den einen Brückenpfeiler hinauf. Selbstverständlich kommt sie hinterher. Einmal rutscht sie ab und kratzt sich blutig. Ihr sowieso schon schmutziges Kleid wird noch schmutziger, aber sie klettert verbissen weiter.
Ganz oben, direkt unter dem Beton und dem Asphalt sitzt eine Gruppe von Jungen und Mädchen. Sie sind alle älter als Isabel. Zwei der Jungen scheinen sogar älter als der in der Lederjacke zu sein. Eine Plastiktüte macht die Runde. Sie drücken sie gegen das Gesicht und atmen ganz, ganz tief ein.
»Wo hast du denn das da gefunden, Luiz?« fragt einer von ihnen.
Aha, er heißt also Luiz, denkt Isabel.
»Das ist meine Schwester, und sie bleibt bei uns«, sagt Luiz bestimmt.
Isabel bekommt ein Stück Karton, und Luiz deutet auf eine Höhle ganz weit drinnen, unter der Brücke.
»Geh und leg dich da hin«, sagt er und drückt ihr noch einmal den halbverfaulten Apfel in die Hand.
Dieses Mal behält sie ihn und legt sich auf das Kartonstück

in die Ecke, genau wie er ihr gesagt hat. Allmählich stellt sie fest, daß alle anderen in der Gruppe ihm gehorchen. Sogar Ramiro, der behauptet, mindestens eineinhalb Jahre älter zu sein. Luiz ist der Anführer. Er ist es, seit er die pelzgefütterte Wildlederjacke gestohlen hat. Ein Tourist hat sich eine Minute zu lang und am völlig falschen Ort von seiner Reisetasche abgewendet. Die Tasche und den restlichen Inhalt hat Luiz an einen Hehler verkauft, aber die pelzgefütterte Wildlederjacke hat er behalten. Viele haben schon versucht, sie ihm zu stehlen. Sie haben alle noch Narben von Luiz' Messer. Und selbstverständlich hat er seine Jacke auch dann an, wenn es vierzig Grad im Schatten hat.

Isabel fühlt sich unter der Brücke ziemlich sicher. Auch wenn Luiz und die anderen verschwinden, um etwas zu essen zu besorgen, und sie allein mit zwei Jungen zurückbleibt. Der eine ist so berauscht vom Klebstoff, daß er die ganze Zeit schläft. Der andere hat etwas Schlechtes gegessen und kackt die ganze Zeit. Sie liegt da und hört den Autos zu, die auf der Brücke fahren. Sie versucht sich vorzustellen, was da oben passiert. Das müssen zwei Busse sein, die um die Wette fahren. Und das ist so ein riesengroßes Lastauto, wie sie es schon öfter gesehen hat, auch damals, als sie auf der Ladefläche nach Rio fuhr. Isabel ist sich ziemlich sicher, daß sie eine Ambulanz und eine Feuerwehr unterscheiden kann. Es macht Spaß, dazuliegen und zu raten. Obwohl es zu dieser Tageszeit, wenn die Hitze am drückendsten und feuchtesten ist, fürchterlich stinkt und ihr fast schwindelig wird.

Am nächsten Morgen weckt Luiz sie früh auf. Er hat während der Nacht ein anderes Kleid für sie besorgt, und sie gehorcht glücklich dem kurzen Befehl »Zieh dich um!« Es scheint sauber zu sein, und es ist auch nicht zerrissen. Vielleicht ein bißchen zu groß, aber was macht das schon? Als sie aus der Höhle herunterrutscht, paßt sie gut auf das Kleid auf. Luiz mustert sie.
»Das ist gut so«, sagt er. »Heute abend wirst du die Kaugummis verkaufen. Ich habe gesehen, daß du welche hast.«
Sie nickt und fragt nicht, wie sie es heute schaffen soll, Kaugummi zu verkaufen, wenn es doch das letzte Mal nicht geklappt hat. Sie fragt nicht einmal, woher er weiß, daß sie welche hat. Er hat bestimmt in ihre Plastiktüte geschaut, als sie schlief.
»Ich heiße Isabel«, sagt sie, und zum ersten Mal lächelt er sie an. Kurz und schnell, aber immerhin.
»Gut, Isabel«, sagt er und gibt ihr ein Stück Brot und eine Banane. »Bleib jetzt in der Höhle, bis ich dich hole.«
Es fängt schon an dunkel zu werden, als er wiederkommt. Sie nimmt die Plastiktüte, und sie gehen zur Copacabana. Auf dem Weg sagt Luiz ihr, wie sie sich beim Verkaufen anstellen soll.
»Ich habe drei Straßencafés, in denen meine Gruppe arbeitet«, sagt er. »Da gehst du von Tisch zu Tisch. Sprich klar und deutlich, nicht flüstern, und du darfst sie auch nicht so angrinsen, wie du es neulich abends gemacht hast, als du mit deiner Schwester hier warst.«
Hat er sie da gesehen?
»Schau sie lieber mit großen, traurigen Augen an, und

wenn du eine Träne hervordrücken kannst, schadet das auch nicht. Aber ganz egal, was du machst, wackel bloß nicht mit dem Hintern, das sieht bescheuert aus. Wenn du jemanden siehst, der betrunken ist, dann zeige deine Pfefferminzkaugummis. Wenn sie zuviel getrunken haben, dann haben sie so einen schlechten Geschmack im Mund, daß es meistens klappt. Sag ihnen, daß es billiger ist, wenn sie drei Päckchen auf einmal kaufen.«

Der Preis, den Luiz ihr sagt, ist viel niedriger als Sandras. Er zeigt ihr auch ein paar Scheine und Münzen, damit sie weiß, ob sie ungefähr richtig bezahlt bekommt.

»Das sind meine drei Cafés«, erklärt er ihr, als sie da sind. »Wenn du in ein anderes gehst, dann bekommst du es mit den zuständigen Banden zu tun. Und versuch nicht, mich zu bescheißen. Ich weiß genau, wie viele Päckchen du hast. Du mußt mir das ganze Geld geben, sonst bekommst du Prügel. Hast du kapiert?«

Isabel nickt.

»Ich komme dann und hole dich ab, wenn ich mit meinem Job fertig bin.«

»Aber . . .« fängt Isabel erschrocken an. Will er sie alleine lassen? Sie hatte geglaubt, er würde in der Nähe bleiben und sie beobachten, genau wie Sandra.

»Wie . . . aber?« fragt Luiz, und er klingt auf einmal ärgerlich.

»Und wenn die Wachen mich verjagen?«

»Du mußt halt zusehen, daß sie es nicht tun«, sagt er. »Paß den Moment ab, wenn sie nicht da sind. Die machen auch mal Pause. Und wenn sie dich trotzdem entdecken, dann

hau ab, bevor sie anfangen, dich zu jagen. Wenn sie sich erst mal über dich ärgern, kann es böse enden.«
Isabel würde am liebsten Luiz hinterherlaufen, aber ihr ist klar, daß sie es schaffen muß, ihre Kaugummis zu verkaufen, wenn sie in die Höhle unter der Brücke zurückwill.
Als sie zwischen den Tischen durchgeht, versucht sie sich zu erinnern, was er gesagt hat. Hinten in einer Ecke sitzt ein einzelner Mann und trinkt Bier. Er trinkt viel und schnell, und als sie ihn eine Weile beobachtet hat, beschließt sie, daß er betrunken sein muß. Eine Wache sieht sie nicht. Sie holt tief Luft und geht mit drei Päckchen Kaugummi in der Hand auf ihn zu. Sie schaut ihn mit großen, traurigen Augen an.
»Möchte der Herr Kaugummi kaufen? Drei Pakete sind billiger als eines«, sagt sie mit klarer Stimme.
Er lacht und sagt etwas in einer fremden Sprache, und da lachen die am Nebentisch auch. Isabel findet es ekelhaft, daß man über sie lacht und sie nicht versteht, warum. Sie dreht sich also um und will zu einem anderen Tisch gehen. Aber plötzlich spürt sie den Griff des Mannes an ihrem Arm. Und wenn er doch ein Wachmann ist! Eine Wache ohne Uniform, die hier sitzt und Pause macht und Bier trinkt. Sie ist bereit, sich loszureißen, als er ihr zwei Scheine auf den Tisch legt. Genau zwei von den Scheinen, die sie für drei Päckchen bekommen muß, wie Luiz ihr gesagt hat. Dann streckt er die Hand aus, damit sie ihm das Kaugummi gibt. Sie legt es ihm in die große, schweißige Handfläche, aber als sie nach den Scheinen langt, nimmt er sie ihr vor der Nase weg und steckt sie zurück in seine Tasche.

»Nein!« schreit sie verzweifelt.
Da lacht er wieder und gibt ihr die Scheine. Er hat nur Spaß gemacht. Aber Isabel ist völlig durcheinander. Sie versteht nicht, was daran lustig sein soll und warum er das macht. Als die Leute am Nebentisch sie zu sich winken, zögert sie. Aber sie zwingt sich doch, zu ihnen zu gehen. Sie kaufen ihr auch drei Päckchen ab, und sie geben ihr die Scheine, ohne zu tricksen.
Als Luiz zurückkommt, hat sie alles verkauft. Es war nicht besonders angenehm. Man hat sie zum Teufel gejagt. Man hat versucht, sie zu beschummeln. Ein Mann hat sie befummelt. Als sie das Geld nehmen wollte, faßte er mit einer Hand unter ihr Kleid, und als er merkte, daß sie keine Unterhose anhatte, hob er das Kleid, so daß alle sie sehen konnten. Sie nahm das Geld und lief aus dem Café. Tränen der Scham und der Wut liefen ihr übers Gesicht. Sie setzte sich auf eine Steinbank und wartete eine Weile, ehe sie ins nächste Café ging. Jetzt war es nicht mehr schwierig, traurig auszusehen.
Trotzdem ist sie stolz, als Luiz das Geld zählt und zufrieden nickt. »Gut«, sagt er. »Du bist also doch kein hoffnungsloser Fall.«
An diesem Abend essen sie sich unter der Brücke ziemlich satt. Manche aus der Gruppe hatten Glück, als sie Essen in den Restaurants erbettelt haben. Sie haben die Reste in ihren Plastiktüten dabei. Pizzastücke, Brot, Pommes, alles durcheinander. Sie teilen es auf, und hinterher essen sie die Wassermelone, die Luiz auf einem Gemüsemarkt geklaut hat. Das Geld, das Isabel verdient hat, geht für Klebstoff

drauf, aber sie darf nur die ersten Male, als die Tüte die Runde macht, dabeisein, dann sagt Luiz zu ihr, daß sie sich hinlegen soll.

7

Schon am nächsten Tag hat Luiz neue Kaugummis für Isabel besorgt. Und allmählich lernt sie, mit den Beschimpfungen und Beleidigungen umzugehen. Es gibt auch richtig nette Leute, und gelegentlich bekommt sie sogar, ohne darum zu bitten, Essensreste in die Plastiktüte, die sie immer dabeihat. An manchen Tagen verkauft sie gut, an anderen versagt sie total. Auf der Copacabana sind viele, die Kaugummis anbieten. Es gibt überhaupt sehr viele, die etwas verkaufen. Ganze Erdnüsse, geschälte warme Erdnüsse in Tüten, Bonbons, Zigaretten, Feuerzeuge. Auch viele Erwachsene verkaufen Schmuck, Bilder oder Pullis. Oft werden die Leute, die essen und trinken wollen, ärgerlich über die vielen Verkäufer. Dann kommen zuerst die Kellner, um sie zu verjagen. Wenn das nichts nützt, kommen die Wachleute des Restaurants, und manchmal kommt auch die Polizei und räumt auf. Besonders unter den Kindern.
Isabel hat die schrecklichsten Geschichten mitgekriegt, als sie in der Höhle lag und den anderen zuhörte. Ramiro erzählte eines Nachts, wie die Polizei herumfährt und Kinder aufsammelt, die betteln oder was verkaufen oder an

einem Ort schlafen, wo es jemanden stört. Sie nehmen sie fest und schaffen sie in einem schwarzen Kastenwagen weg. Manchmal fahren sie sie aus der Stadt hinaus und verprügeln sie oder machen ihnen solche Angst, daß sie sich ewig nicht mehr zurückwagen. Es passiert auch, daß die Kinder nie mehr zurückkommen. Die werden irgendwann erschlagen oder erschossen aufgefunden. Aber nicht nur Polizisten sind in den sogenannten Todesschwadronen. Da gibt es auch andere. Sie werden dafür bezahlt, von den Restaurantbesitzern, den Hotelbesitzern, den Geschäftsleuten und irgendwelchen anderen, die der Meinung sind, daß die Kinder die Touristen verschrecken. Es gibt viele, vor denen sie sich in acht nehmen müssen, denn viele wollen eine schnelle Mark verdienen.

Isabel hört zu und lernt. Lernt, noch mehr Mißtrauen zu haben, als sie es sowieso schon hat. Lernt, ständig vor den Erwachsenen auf der Hut zu sein. Sie ist immer angespannt, wenn sie mit ihren Kaugummis herumgeht, und der Verkauf läuft dann nicht gut. Viele Kinder, die verkaufen, haben eine Mutter oder einen Vater, der ein Stück weiter weg sitzt. Sie haben jemanden, zu dem sie sich flüchten können, wenn sie sich bedroht fühlen. Isabel ist allein.

Als eine Zeit vergangen ist, sagt Luiz eines Morgens: »Heute wirst du kein Kaugummi verkaufen. Heute gehen wir hinunter zum Strand.«

Wie immer stellt Isabel keine Fragen. Vielleicht ist er der Meinung, daß sie ein Bad braucht. Das machen sie manchmal sehr früh am Morgen oder spät am Nachmittag, wenn nicht mehr so viele gaffende Touristen am Strand sind. Sie gehen mit den Kleidern ins Wasser und rennen dann herum, bis sie an der Sonne wieder getrocknet sind. Isabels Kleid wird mit jedem Mal verblichener, aber es wird auch sauber.

Als sie zum Strand kommen, stellt sich heraus, daß Luiz keineswegs ans Baden gedacht hat.

»Kannst du laufen?« fragt er.

»Natürlich kann ich laufen«, lacht Isabel.

»Ich meine, kannst du schnell laufen?«

»Ich glaube schon.«

»Wir laufen um die Wette, damit ich sehe, was du kannst.«

Luiz ist unglaublich schnell. Isabel hat keine Chance. Hinterher setzen sie sich in den Sand.

»Von heute an laufen wir, sooft es geht«, sagt Luiz. »An dem Tag, an dem du mich einholst, darfst du dich satt essen, das verspreche ich dir. Wenn du es nicht schaffst, mußt du selbst fürs Essen sorgen.«

»Aber du hast doch viel längere Beine als ich«, protestiert Isabel.

»Du mußt dich eben ein bißchen anstrengen«, sagt Luiz. »Irgend etwas mußt du machen, und zum Kaugummiverkaufen taugst du nicht mehr. Wenn du schnell genug laufen kannst, darfst du tagsüber mit mir zusammenarbeiten.«

Isabel hat keine Ahnung, was Luiz arbeitet. Doch sie hat nichts dagegen, die Kaugummis los zu sein.

Heute bekommt sie eine Extrachance, sagt er. Aber nur weil es der erste Tag ist.

Isabel läuft so schnell, daß sie Blutgeschmack im Mund hat.

Trotzdem ist er weit, weit vorn und lacht über sie, wie sie kämpft. Aber das Lachen ist nicht gemein.
»Und wie organisiert man was zum Essen?« keucht sie.
»Das mußt du schon selbst herausfinden«, sagt er und wird mit einemmal ernst. »Sonst wirst du nie durchkommen. Deine Tüte hast du ja schon.«
Ja, das stimmt, sie hat eine Tüte. Aber sie geht nicht gerne herum und bettelt, und auch wenn sie sich allmählich daran gewöhnt hat, macht sie es nur, wenn das Ziehen im Bauch ganz schlimm ist. Dann hat sie eine Idee. Die Mülltonnen! Es gibt zwar viele, die in den Mülltonnen und Abfallsäcken der Restaurants wühlen, aber vielleicht ist ja auch für sie etwas übrig.
Schon als sie in die erste Tonne hineinschaut, kommt Sidney, ein anderer Bandenführer zu ihr.
»Diese Abfälle gehören uns«, sagt er drohend. »Hat Luiz dir das nicht gesagt?«
»Nein«, sagt Isabel. »Welche Viertel hat er denn?«
»Er hat die Märkte.«
Isabels Gesicht leuchtet auf. Ja, verdammt, die Märkte hat sie ganz vergessen. Es gibt viele. Jeden Tag ist in einer anderen Straße ein Gemüsemarkt. Sie muß nur noch herausfinden, wo heute Markt ist.
Sie findet bald einen. Eine ganze Straße voller beladener Obst- und Gemüsestände. Sie geht herum und versucht herauszufinden, wo etwas weggeworfen wird. Plötzlich kullert eine Mango von einer Pyramide aus Früchten herunter. Sie ist gleich da, aber der Besitzer des Standes nimmt ihr die Frucht weg.

»Du wartest, bis Schluß ist, genau wie alle anderen.«
Sie muß lange warten. Sie setzt sich an eine Hauswand und schläft ein. Als sie wieder aufwacht, sieht sie, daß noch mehr Kinder gekommen sind. Und sie warten alle. Das wird einen Kampf geben, um die verdorbenen Früchte, die weggeworfen werden. Aber sie ist bereit. Die anderen Kinder waren nur schon viel öfter als sie hier und wissen, welche Verkäufer am meisten wegwerfen und welche auch Früchte aussortieren, die nur halb verfault sind.
Isabels Beute ist also mager . . . eine halbe, fast widerlich überreife Melone. Na ja, wenn sie schon nicht schmeckt, so löscht sie zumindest den Durst. Später geht sie ratlos zum Strand zurück. Zu betteln lohnt sich nicht um diese Tageszeit, in den Cafés sind kaum Leute. Da kann sie genauso gut ein bißchen laufen üben.
Sie läuft unten, direkt am Wasser, wo die Wellen den Sand benetzen, und er härter und fester wird. Aber hier sind auch viele Leute. Sie kreuzt zwischen ihnen durch. Ein kleiner Junge kommt mit einem Brot in der Hand zum Wasser getorkelt. Er sieht sie nicht. Aber sie sieht ihn. Und natürlich könnte sie es vermeiden, mit ihm zusammenzustoßen, aber sie tut es nicht. Sie fallen beide hin, und genau, wie sie gehofft hat, landet das Brot im Sand. Gerade als sie es aufhebt, spürt sie einen Schatten über sich. Es ist ein großgewachsener weißer Mann. Er hebt den weinenden Jungen hoch und schimpft sie aus. Dann nimmt er ihr das Brot weg und wirft es ins Wasser. Isabel läuft hinterher, damit die Wellen es nicht wegspülen. Das Brot ist sandig

und naß, aber sie schlingt es gierig hinunter, und sie verschließt die Augen vor den Blicken voller Abscheu, mit denen die Erwachsenen unter ihren Sonnenschirmen sie betrachten.
Das Brot dämpft ihren Hunger ein bißchen, und sie läuft weiter zu einem Teil des Strandes, an dem weniger Leute sind. Dann setzt sie sich zum Trocknen in die Sonne.

Jeden Morgen und jeden Abend läuft Isabel im Sand an der Copacabana entlang. Luiz ist nicht immer bei ihr, aber wenn er mit ihr läuft, merkt sie, daß sein Vorsprung kleiner wird. Sie wird auch immer geschickter im Beschaffen von etwas Eßbarem. Aber oft muß sie sich hungrig schlafen legen, und manchmal bekommt sie Durchfall von etwas Verdorbenem, das sie aus einer Mülltonne gefischt hat, wenn Sidney und seine Bande nicht in der Nähe waren.
Eines Tages passiert etwas Merkwürdiges. Sie geht zwischen den Cafés umher und bettelt um Essensreste. Als sie vor einem Touristenpaar steht, packt die Frau sie plötzlich und drückt sie auf einen Stuhl neben sich. Isabel versucht natürlich abzuhauen, aber die Frau hält sie fest und sagt in holprigem Portugiesisch: »Du bleibst jetzt hier sitzen, dann bekommst du einen Teller Suppe. Du siehst aus, als ob du ihn brauchen würdest.«
Der Kellner schaut finster, als die Frau bestellt, und Isabel weiß, daß sie dieses Café eine Weile meiden muß. Aber sie ißt ihre Suppe und das frische Brot, und sie genießt es. Die Frau fragt sie, wie alt sie sei. Isabel sagt, daß sie bald

neun werde. Als der Mann fragt, wo sie wohnt, antwortet sie, sie wohne mit ihrer Mutter oben in einer der Favelas, und dann erzählt sie weiter, weil sie gerade so gut in Fahrt ist. Sie berichtet, wie krank ihre Mutter sei und daß sie so viele Geschwister habe, daß das Essen zu Hause nie reiche und sie deshalb mit der Tüte betteln gehen müsse. Die Frau und der Mann nicken verständnisvoll und seufzen vor Mitleid. Isabel bekommt noch einen Teller Suppe. Sie genießt auch den und erzählt weiter vom Elend in den Favelas. Aber plötzlich entdeckt sie Luiz, der nur ein paar Meter von ihr entfernt am Gehsteig entlangschlendert. Ihre Blicke treffen sich für eine kurze Sekunde, und sie bemerkt sein Erstaunen, dann starrt sie wieder in ihren Suppenteller. Als sie vorsichtig wieder hochschaut, ist er weg. Sie bedankt sich höflich für das Essen, und die Frau wickelt alles übriggebliebene Brot in eine Serviette und reicht es ihr.

»Hier, nimm es mit nach Hause«, sagt sie.

Isabel bedankt sich noch einmal, dann läuft sie schnell davon, den brennenden Blick des Kellners spürt sie noch lange auf dem Rücken.

Sobald sie in eine der kleinen Seitenstraßen einbiegt, ist Luiz neben ihr. Ohne ein Wort zu sagen, gibt sie ihm das ganze Brot. Als er alles aufgegessen hat, sagt er: »Morgen laufen wir wieder um die Wette.«

8

Sie sind fast allein am Strand. Es ist erstens noch sehr früh am Morgen, zweitens ist es August und somit Winter. Die Bewohner von Rio gehen um diese Zeit nicht an den Strand. Es gibt nur wenige Touristen. Hauptsächlich Geschäftsleute sind um diese Jahreszeit hier, und die sitzen jetzt entweder beim Frühstück, oder sie schlafen ihren Rausch aus. Also beachtet niemand das kleine magere Mädchen und den etwas größeren, aber mindestens ebenso dünnen Jungen, die da im Sand laufen. Zuerst ist sie hinter ihm, dann laufen sie eine ganze Weile nebeneinander, aber schließlich zieht sie langsam und hartnäckig an ihm vorbei.
Freude breitet sich in Isabel aus. Sie hat es geschafft! Sie hat es geschafft, schneller als Luiz zu laufen.
»Ja, zum Teufel auch!« lacht er, als sie nebeneinandersitzen und verschnaufen. »Jetzt können wir anfangen zusammenzuarbeiten.«
»Was ist das für eine Arbeit?«
Luiz steht auf, klopft den Sand von seiner Lederjacke und geht Richtung Strandpromenade.
»Das wirst du gleich sehen«, ruft er ihr nach hinten zu.
Sie gehen durch den Straßentunnel, der von der Copacabana zum Botafogaviertel führt, folgen dann der Rua* Voluntário bis hinauf zu der riesigen Markthalle Cobal. Isabel ist noch nie hier gewesen. Sie schaut mit großen Augen in die enorme Halle. Noch nie im Leben hat sie so viel Obst

---

* Rua = Straße

und Gemüse auf einmal gesehen. Und Fleisch und Fisch und überhaupt alles, was man essen kann.
»Vergiß es«, sagt Luiz. »Ich kannte einen, der versucht hat, hier drinnen etwas zu klauen. Ich habe ihn seither nicht mehr gesehen.«
Sie gehen statt dessen weiter in eine Querstraße, die nach São Clemente führt, eine Parallelstraße zur Rua Voluntário. Sie gehen ein Stück zurück, dann bleibt Luiz stehen und zeigt auf eine Favela, die am Berg liegt. Es ist eine sehr große Favela.
»Santa Marta«, sagt er.
Dann schaut er sich um. Isabel ahnt schon, was kommen könnte. Sie weiß schließlich, was die Bande macht, sie hat alles unter der Brücke gehört.
»Beobachte die da drüben«, sagt er mit einem kurzen Nicken.
»Die Dicke mit der Sonnenbrille und dem Hut?«
»Genau. Ich gehe jetzt zu ihr hin und frage sie, wieviel Uhr es ist, dann frage ich, wie man zur Vista Alegra in Santa Teresa kommt. Wenn ich sie abgelenkt habe, schleichst du dich hin und reißt ihr die Schultertasche weg. Wie du siehst, hält sie sie nicht besonders gut fest. Und dann läufst du mindestens so schnell wie unten am Strand. Ich werde schreien und dich jagen, aber darum darfst du dich nicht kümmern. Du wirst in diese Straße dort einbiegen und dann hinauf in die Favela.«
»Und wenn sie mir da oben die Tasche abnehmen?«
»Ich komme dir hinterher, das habe ich doch gesagt. Ich gehe jetzt, bleib du in der Nähe.«

Die Sache gefällt Isabel nicht. Und doch weiß sie, daß sie es tun muß, wenn sie was zu essen haben wollen.
Sie hat schon öfter Handtaschenräuber beobachtet und versucht nun sich zu erinnern, wie die es gemacht haben. Sie geht ein Stück hinter Luiz an der Hauswand entlang. Sie inspiziert die Straße, die sie zur Favela hinauflaufen soll. Im Moment scheint der Weg frei zu sein. Luiz steht neben der Frau, die auf ihre Uhr schaut. Jetzt zeigt und gestikuliert sie. Er hat also schon nach dem Weg gefragt. Jetzt muß sie sich beeilen. Isabel ist jetzt so nah an der Frau, daß sie nur noch die Hand nach der Tasche ausstrecken braucht. Aber sie ist nervös und zögert den Bruchteil einer Sekunde zu lange. Plötzlich schreit ein Mann auf der anderen Straßenseite, um die Frau zu warnen, die ihn aber nicht hört, weil der Verkehrslärm so laut ist. Der Mann hastet herüber ... ein Bus kommt dazwischen ... da zieht Isabel der Frau entschlossen die Tasche von der Schulter, so wie sie es bei Ramiro gesehen hat. Dann spurtet sie los. Luiz brüllt ihr wütend hinterher und rennt ihr nach. Sie hört, wie er sie einholt. Schlimmer ist, daß sie auch den Mann hört. Sie steigert das Tempo, so gut sie kann, und schon ist sie in der Straße, die in die Favela führt.
Da stehen ein paar Männer und sehen sie kommen. Sie fühlt sich wie in einer Falle gefangen und starrt dem einen Mann erschrocken in die Augen. Er nickt ihr zu, und endlich ist sie auf dem Weg bergauf. Hinter sich hört sie die Stimmen der Männer, die den Mann aufhalten, der sie verfolgt hat. Werden sie auch Luiz festhalten? Und warum haben sie sie vorbeigelassen? Werden sie ihr jetzt folgen und ihr die

Tasche abnehmen? Sie kauert sich hinter ein paar Büsche an einer Grube, in die sie fast hineingefallen wäre. Als sie hochschaut, sieht sie Luiz, der oben steht und sie sucht. Er sieht sie nicht. Da finden die anderen sie vielleicht auch nicht. Sie will ihm etwas zurufen, traut sich aber nicht, und er geht weiter bergauf.

Nach einer Weile hat sie sich beruhigt und macht neugierig die Tasche auf. Sie findet einen Lippenstift, einige Papiertaschentücher, Zigaretten und die Brieftasche. Darin ist ein Bündel Scheine. Sie hat inzwischen zählen gelernt, und auch wenn es nicht sonderlich viel ist, reicht es, damit Luiz zufrieden sein kann. Sie stopft alles in die Tasche ihres Kleides, aber gerade als sie die Handtasche wegwerfen will, sieht sie ihn . . . den Ring. Er liegt in einem der Fächer und glitzert. Sie zögert nur einen Moment, dann nimmt sie ihn und steckt ihn in den Mund. Den will sie selbst behalten. Luiz braucht nicht immer alles zu kriegen. Außerdem hat sie sich heute den schlimmsten Gefahren ausgesetzt. Sie wird den Ring verkaufen. Wie und wo und wann, weiß sie noch nicht. Aber das wird sie schon noch herausbekommen.

Jetzt sieht sie Luiz. Er geht auf dem Weg, der an der Grube vorbeiführt. Als er ganz nahe ist, flüstert sie: »Ich bin hier.«

»Hast du die Tasche schon durchsucht?« fragt er mißtrauisch. »Zeig, was drin war!«

Isabel holt hervor, was sie in der Tasche hat, und gibt es ihm. Der Ring brennt unter der Zunge. Er zählt die Scheine und steckt sie ein. Sogar die Zigaretten und den Lippenstift nimmt er.

»Die verkaufe ich den Huren unten am Strand«, erklärt er. Isabel will ihn fragen, ob die Beute gut war, aber gerade als sie das erste Wort sagen will, passiert es: Der Ring in ihrem Mund verrutscht, und sie schluckt ihn vor Schreck hinunter. Sie erstarrt, und Luiz, der sehr aufmerksam ist, fragt: »Was war das?«

»Ich hab' ihn verschluckt«, stottert Isabel und schaut Luiz verzweifelt an. Ihr ist klar, daß sie einen Fehler gemacht hat.

»Was hast du verschluckt?«

»Den Ring«, brummt sie. »Den Goldring, den ich in den Mund gesteckt hatte, damit du ihn nicht findest.«

Sie erwartet, daß er sie schlagen wird, aber statt dessen lacht er, umarmt sie und küßt sie mitten auf den unglückseligen Mund.

»Gut!« sagt er. »Du wirst es schaffen. Du wirst jeden Tag gerissener.«

»Aber falls ich nun sterbe, wenn er in den Bauch rutscht«, jammert sie.

Luiz lacht noch lauter.

»Keine Angst«, sagt er. »Ich werde schon dafür sorgen, daß das nicht passiert, zumindest nicht, bevor du ihn mir herausgekackt hast.«

»Ich kacke fast nie«, sagt sie. »Bloß, wenn ich Durchfall habe.«

»Mir ist egal, wie er herauskommt«, grinst Luiz. »Hauptsache, er kommt. Und wenn er kommt, gehört er mir. Ich lass' dich nicht aus den Augen.«

Isabel grinst zurück.

»Ich muß erst was zu essen kriegen, sonst kann ich nicht kacken«, sagt sie.
»Sicher«, nickt Luiz. »Du bekommst was zu essen. Verdammt viel zu essen.«
»Gutes Essen«, sagt Isabel. »Ich kacke schneller und besser, wenn ich gutes Essen bekomme.«
Sie gehen einen anderen Weg von der Favela zurück. Die Männer waren zwar gute Bekannte von Luiz. Aber man kann ja nie wissen.
Dann gehen sie in eine Pizzeria, wo Luiz den Pizzabäcker kennt. Bald sitzen sie im Hof hinter der Pizzeria und essen jeder eine riesige Pizza und trinken Guaraná* dazu. Mein Gott, wie das schmeckt! Aber man wird müde, wenn man so viel ißt, besonders, wenn man es nicht gewohnt ist. Schließlich schläft Isabel in Luiz' Armen ein.
Als sie wieder aufwacht, hat sie Bauchweh und erinnert sich an den Ring. Luiz schläft, sie steht vorsichtig auf und schleicht hinter ein paar Müllsäcke.
»Na?« fragt Luiz verschlafen, als sie wieder zurückkommt.
»Du kannst ja selbst nachschauen«, sagt sie.
Der Ring kommt heraus, aber erst am nächsten Tag und erst nach einer weiteren Pizza. Luiz versucht sofort, ihn zu verkaufen, ist aber sauer, weil er einen so schlechten Preis bekommt.
»Da kann man wohl nichts machen«, sagt Isabel, als er sich beschwert. »Hätte ich ihn vielleicht auch noch für dich verkaufen sollen?«

---

* Guaraná = Fruchtlimonade

9

Isabel und Luiz arbeiten gut zusammen. Wenn Isabel nach einem geglückten Raub nur etwas zu essen bekommt, ist sie auch zufrieden. Aber mit der Zeit behält er immer öfter das Geld ganz für sich und kauft Klebstoff davon. Da muß Isabel wieder ihre Plastiktüte hervorholen und die Runde durch die Straßencafés machen. Immer öfter denkt sie darüber nach, ob sie nicht auch alleine Handtaschen rauben könnte. Als sie es Luiz sagt, lacht er nur laut.
»Das schaffst du nie.«
Aber er nimmt sie ernst und verhält sich wieder korrekt zu ihr. Leider nur eine kurze Zeit. Und als Isabel drei Tage nichts zu essen bekommen hat, entschließt sie sich, einen Versuch allein zu wagen.
In einer kleinen Straße in der Gegend um die Copacabana sieht sie eine ältere Dame. Die geht direkt vor ihr und hält ihre Tasche auch nicht so fest wie die meisten anderen. Das wird leicht gehen. Sie kontrolliert, ob die Luft rein ist. Wenn sie die Chance nicht ergreift, wird sie sich nie mehr trauen. Sie schlägt blitzschnell zu und saust mit der Tasche in der Hand davon. Erst jetzt merkt sie, daß sie vergessen hat, sich eine Stelle auszusuchen, wo sie sich verstecken kann. Sie bleibt stehen und zögert. Aber dann fällt es ihr ein. Die Favela, in die sie immer für diesen Mario gehen mußte. Die liegt da drüben. Sie macht einen Satz, aber bevor sie den ersten Schritt tun kann, spürt sie eine harte Hand auf ihrer Schulter. Jemand dreht sie herum, und erschrocken blickt

sie auf die Pistole, die im Halfter unter der Taille des uniformierten Polizisten hängt.
»Mitkommen!« kommandiert er.
Isabel hat solche Angst, daß ihre Beine sie kaum tragen. Der Polizist muß sie halb zu dem Polizeiauto schleppen, das neben der alten Dame geparkt steht. Die Tasche muß sie ihr selbst zurückgeben. Sie schaut der Frau nicht in die Augen, als die Polizisten sie zwingen, sie um Verzeihung zu bitten. Dann wird sie auf den Rücksitz des Autos geschubst. Hinter dem Steuer sitzt noch ein Polizist und wartet. Auf dem Weg zur Polizeistation kriegt sie zu hören, was für eine sie ist. Stolz kann man darauf wahrlich nicht sein. Ratte, Kakerlake, Hurenbalg. Sie gehört zu dem dreckigen schwarzen Ungeziefer, das ausgerottet werden muß, ehe es zu spät ist. Genau solche wie sie fallen der Gesellschaft nur zur Last, machen normalen, anständigen Leuten das Leben schwer und verscheuchen die Touristen aus den Großstädten. Geht sie vielleicht in die Schule? Isabel schüttelt den Kopf. Arbeitet sie etwa? Isabel flüstert, daß sie versucht hat, Kaugummi zu verkaufen, aber daß es nicht so gut gelaufen sei. Ob sie weiß, was man mit solchen Hurenbälgern macht, wenn sie überhaupt noch zu etwas nutze sein sollen? Isabel schüttelt wieder den Kopf. Ja, man schneidet Herz und Nieren heraus, operiert die Hornhäute aus den Augen und verkauft alles an jemanden, der es besser brauchen kann als sie.
Isabel hat so etwas schon einmal gehört und schweigt entsetzt.
Auf der Polizeistation angekommen, wird sie in einen

Raum geführt. Drei andere Polizisten stellen eine Menge Fragen. Sie versucht wirklich zu antworten so gut sie kann. Aber sie erzählt nicht, wo sie schläft. Sie will Luiz und die anderen nicht verraten.

»Irgendwo schläft auch eine Kanalratte«, sagt der eine Polizist.

»Ich schlafe immer woanders«, sagt sie.

Da ziehen die beiden anderen ihre Stöcke heraus, und sie bekommt sie heftig zu spüren. Isabel, die sonst nie weint, wenn sie geschlagen wird, muß jetzt weinen. Einmal, weil es so wahnsinnig weh tut, und zum anderen, weil sie so schreckliche Angst hat.

»Du bist zu klein, um alleine zurechtzukommen. Wer ist der Führer deiner Bande?«

»Ich bin allein. Ich bin in keiner Bande.«

Die Schlagstöcke pfeifen wieder durch die Luft, und sie ist fast schon so weit aufzugeben, als noch ein Polizist ins Zimmer kommt und den anderen etwas zuflüstert. Offenbar haben sie etwas Interessanteres vor, sie ist nämlich plötzlich allein. Sie liegt zusammengekauert auf dem Boden und kann sich nicht rühren. Aber sie weint nicht mehr. Sie zittert nur noch. Sie weiß, daß die Polizisten wiederkommen werden, und sie weiß, daß sie imstande sind, all das mit ihr zu machen, was sie ihr angedroht haben.

Sie sieht, wie das Licht in dem winzigen Fenster oben unter der Decke langsam verblaßt, bis es ganz dunkel ist. Wird Luiz sie vermissen? Wird er sie suchen?

Draußen sind Schritte zu hören. Jemand macht die Tür auf und knipst die Deckenlampe an. Es ist ein neuer Polizist.

Er stellt ein Glas Wasser neben sie und gibt ihr ein Stück Brot, das beinahe frisch ist. Dann schaut er sie an und schüttelt den Kopf.

»Sie haben dich übel zugerichtet«, sagt er, und es klingt nicht böse. »Warum bist du nicht geblieben, wo du herkommst? Warum kommt ihr bloß alle hierher in die Stadt? Hier gibt es doch nichts für euch.«

»Da, wo ich herkomme, gab es auch nichts«, flüstert Isabel.

»Ich verstehe«, sagt er ernst. »Aber es war vielleicht nicht so gefährlich.«

Als er sich zum Gehen umdreht, platzt die Frage aus ihr heraus, ehe sie es verhindern kann: »Werden sie mir morgen das Herz aus dem Leib schneiden?«

Er hat große traurige Augen.

»Nein«, sagt er. »Morgen kommen sie von einem Kinderheim und holen dich ab. Es wird schon gut werden.«

Ehe er das Licht wieder ausmacht, sieht Isabel die Kakerlaken auf dem Boden hin und her flitzen. Sie sind groß und schnell, aber sie würden ihr bestimmt nichts tun.

Sie liegt eine Weile da und denkt nach. Kinderheim ... davon hat sie auch schon gehört. Und es hat nicht sonderlich angenehm geklungen. Sie sollen dort so großzügig mit Schlägen sein, wie sie mit dem Essen geizig sind.

Na ja, jedenfalls lebt sie. Bevor sie einschläft, ist sie doch ein bißchen stolz auf sich, weil sie Luiz und die anderen nicht verraten hat. Obwohl es knapp davor war.

Ein großer schwarzer Mann in Uniform kommt sie holen. Ihr tut alles so weh, daß sie kaum aufstehen kann, und eines ihrer Augen ist völlig zugeschwollen. Aber den Polizisten werden keine Fragen gestellt, und keine Hand wird ausgestreckt, um ihr zu helfen. Der Mann nickt ihr nur kurz zu, daß sie mitkommen soll.

Natürlich ist ihr erster Gedanke, als sie hinaus in die Sonne vor die Polizeistation kommt, abzuhauen. Aber sie kann sich kaum auf den Beinen halten, und der Mann packt sie fest am Hals. Sie winselt ein bißchen, weil die Schlagstöcke sie da auch getroffen haben.

»Na, na«, sagt er. »Du hast bekommen, was du verdient hast. Und du kannst froh sein, daß wir im Heim Platz haben, sonst wärst du in die Erziehungsanstalt gekommen.«

Als sie im Auto sitzen, entdeckt sie Luiz. Er steht auf der anderen Straßenseite und beobachtet sie. Ihre Blicke treffen sich, und Isabel sieht, daß er traurig ist. Sie schüttelt den Kopf und hofft, er versteht, daß sie ihn und die anderen nicht verraten hat. Da dreht er sich um und geht zum Strand. Isabel fragt sich, ob sie ihn wohl jemals wiedersehen wird.

10

Am Anfang wird sie fast krank vor Sehnsucht nach Luiz und den anderen. Denn auch wenn es oft anstrengend war, so war sie wenigstens frei. Jetzt fühlt sie sich gefangen. Gefangen hinter hohen Betonmauern und Stacheldraht. An

dem verschlossenen Tor, zur Straße hin, steht immer ein uniformierter und bewaffneter Wachmann.
Mit der Zeit scheint sie zu verkümmern, und sie ist nur noch der Schatten des Mädchens, das sie einmal war. Solange die anderen Kinder sie testen, geht es ja. Sie schlagen, und sie schlägt zurück. Sie machen sich lustig über sie, und sie lügt und streitet sich derart mit den anderen, daß das Personal eingreifen muß. Aber irgendwann kommt ein neues Kind, und sie verlieren das Interesse an Isabel und stürzen sich auf die Neue. Da sinkt sie immer mehr in sich selbst.
Die Zeit vergeht. Wochen und Monate gleiten ineinander. Bald hat sie das Gefühl, schon immer hier gewesen zu sein und jeden Tag das gleiche gemacht zu haben. Morgens, wenn die Glocke läutet, wacht sie auf. Sie wäscht sich mit der Seife, die sie mit vielen anderen Mädchen teilt, zieht den Rock und den Pulli an, den man ihr gab, als sie kam, stellt sich mit den anderen in eine Reihe und geht in den Speisesaal hinunter, trinkt den wäßrigen und klumpigen Maisbrei und kaut das immer gleich trockene Stück Brot.
Manchmal, wenn etwas Besonderes passiert ist, kommt die Vorsteherin, Dona Mercedes, während des Frühstücks zu ihnen und sagt ihnen Bescheid. Zum Beispiel wenn jemand Neues kommt. Aber das geschieht eigentlich nur, wenn ein anderes Kind abgehauen oder gestorben ist oder wenn eines in die Erziehungsanstalt weitergegeben wurde, weil es zu »unmöglich« war.
Dona Mercedes erklärt nie, warum ein Platz frei geworden ist. Das müssen die Kinder selbst herausbekommen. Wenn

jemand abgehauen ist, wird sie oder er im nachhinein wie ein Held oder eine Heldin gefeiert. Er hat das gemacht, was alle wollen, wozu aber keiner mehr Kraft hat, wenn die Gleichgültigkeit sich erst einmal in die Seele gefressen und die Lebensfunken ausgelöscht hat.

Nach dem Frühstück gehen die Kinder meistens in den Raum, der Schulzimmer genannt wird. Hier sollen sie eigentlich lesen und schreiben lernen. Aber das Heim kann sich keine Lehrer leisten, und diejenigen, die hier arbeiten, haben so schon viel zu tun, oder sie können selbst nicht genug lesen oder schreiben. Statt dessen sehen die Kinder fern. Hier drinnen steht ein alter Fernseher, den mal jemand verschenkt hat. Sie liegen auf dem Boden und schauen eine amerikanische Seifenoper nach der anderen an. Alles ist ja synchronisiert, so daß sie es verstehen. Und natürlich ist es ganz schön, in dieser Märchenwelt aus Luxus zu versinken. Ob Sandra so ein Leben will? Isabel fragt sich manchmal, wie es Sandra geht und wo sie wohl ist. Sie denkt auch an ihre Mutter und die anderen Geschwister, aber über Sandra denkt sie am meisten nach.

Die Kinder sitzen vor dem Fernseher, bis es Mittag ist. Dann stellen sie sich wieder in eine Reihe und bekommen eine Schale Suppe und noch ein Stück Brot. Der Nachmittag gleicht dem Vormittag.

Manchmal spielen sie sogar Basketball in dem kleinen asphaltierten Hinterhof. Oder sie sitzen zusammen und lügen sich etwas über ihr früheres Leben vor. Jeder weiß, daß alles, was erzählt wird, gelogen ist, aber was macht das schon?

Eines Morgens kommt Dona Mercedes beim Frühstück herein und setzt eine Amtsmiene auf.
»Heute nachmittag kommen zwei Damen zu Besuch«, sagt sie. »Sie haben Weihnachtsgeschenke für euch, in ein paar Wochen ist nämlich Weihnachten. Benehmt euch anständig und bedankt euch für das, was ihr bekommt.«
Dann geht sie und kommt bald darauf mit einer mageren Kleinen, die sie mit großen, verängstigten Augen anschaut.
»Hier haben wir ein neues Mädchen. Sie heißt Zelda und ist sechs Jahre alt. Sie wird in deinem Bett schlafen, Isabel. Du wirst ins obere Bett ziehen.«
Sie schlafen in Stockbetten. Lessy, die bisher oben geschlafen hat, wurde plötzlich krank, und eines Morgens vor ungefähr einer Woche hat eine der Aufseherinnen sie tot vorgefunden. Seither hat das Bett leergestanden. Isabel hat nicht unter dem Verlust gelitten. Sie hatten selten miteinander geredet, und wenn sie es mal taten, logen sie, wie immer. Beide waren natürlich nur vorübergehend im Kinderheim. Lessys Mutter lag im Krankenhaus und würde sie abholen, sobald sie wieder gesund war. Und Isabel war hier, weil ihr Vater arbeitslos war und ihre Mutter nicht die ganze Familie versorgen konnte. Wenn ihr Vater eine neue Arbeit hatte, würde sie wieder nach Hause gehen. Daß keine jemals Besuch bekam, nicht von Eltern oder anderen Verwandten, darüber sah man hinweg.
Jetzt ist Lessy also tot, und ein kleines Kind von sechs Jahren bekommt Isabels Platz, und Isabel übernimmt Lessys. Sie nickt zum Zeichen, daß sie verstanden hat, und schaut das magere Geschöpf gleichgültig an. Etwas ande-

res interessiert sie viel mehr. Nicht daß sie Geschenke bekommen sollen. Es waren schon öfter Leute hier, und die Kinder haben danke gesagt und die Sachen entgegengenommen, Spielsachen und Kleider und Bücher, die sie gar nicht lesen konnten. Aber sobald die Fremden wieder weg waren, hat das Personal die meisten Geschenke wieder eingesammelt und sie unter sich verteilt. Isabel findet das nicht merkwürdig. Es sind ja oft Sachen, die sie selbst niemals für ihre eigenen Kinder kaufen könnten.
Nein, sie denkt nicht über die Geschenke nach, als Dona Mercedes vorne redet. Aber wenn bald Weihnachten ist, dann ist sie ja vor einiger Zeit zehn Jahre alt geworden. Sie kommt sich auf einmal erwachsen vor, und das gefällt ihr.
Es kommen zwei ausländische Damen. Sie sind blond und haben rosa geschminkte Wangen und sehr rote Lippen, röter sogar als Sandra.
Die Kinder stellen sich in einer Reihe vor ihnen auf. Zwei große Kisten werden hereingeholt. Eine ist voll mit Puppen, Autos und anderen Spielsachen, die andere mit Kleidern. Isabel hofft, daß sie etwas aus der Kleiderkiste bekommt. Sie hat schon einen alten Puppenkopf oben in ihrem Bett, mit dem sie manchmal spielt. Das reicht ihr. Außerdem besteht bei einem Kleidungsstück eine größere Chance, es behalten zu dürfen.
Die beiden Frauen holen Sachen aus den Kisten und verteilen sie. Als die eine in Isabels Nähe kommt, hat sie ein paar Pullis über dem einen Arm hängen und einige Puppen in der Hand. Marion, die neben Isabel steht, bekommt einen Pulli. Sie sieht nicht besonders froh aus. Sie ist eine der

wenigen, die eine Mutter hat, die zu Besuch kommt, und als sie das letzte Mal da war, hatte sie einen Pulli dabei.
Isabel bekommt eine Puppe. Sie nimmt sie, knickst brav und sagt klar und deutlich »danke«. Aber die Puppe würdigt sie keines Blickes. Wohl aber Marion. Die beiden Mädchen schauen sich an und tauschen, ohne ein Wort zu sagen, ihre Geschenke. Die eine Frau merkt es und schaut sie verwirrt an, bevor sie weitergeht. Leider hat es auch Dona Mercedes gesehen. Ihr Blick ist unglückverheißend finster, und auf ihren Wangen erscheinen rote Flecken. Das bedeutet nichts Gutes.
Bald sind die beiden Frauen weg. Und damit ist auch das aufgeklebte Lächeln von Dona Mercedes weg. Die Kinder sind schon wieder unterwegs zum Fernseher. Sie haben die Kleider und Spielsachen dabei. Manche bleiben auch draußen und spielen in der Sonne unbeholfen mit dem, was sie bekommen haben. Sie wissen ja, daß es nur für eine kurze Zeit ist. Aber weil sie nicht an schöne Spielsachen gewöhnt sind, haben sie bald genug, gehen hinein und legen sich auch auf den Boden vor den Fernseher.
Isabel und Marion kommen allerdings nicht so weit. Dona Mercedes steht vor ihnen und versperrt ihnen den Weg.
»Kommt mit, ihr beide!« sagt sie kurz.
Sie folgen ihr ins Büro. Hier gibt es zwar ein Fenster, aber hier gibt es auch Gardinen, die man vorziehen kann, und das macht Dona Mercedes jetzt. Dann wendet sie sich an die beiden Mädchen und schimpft sie aus. Sie haben sich undankbar gezeigt, weil sie nicht angenommen haben, was die beiden fremden Damen ihnen gegeben haben, sagt sie.

Sie waren so frech, vor ihren Augen die Geschenke zu tauschen. Sie haben dem Kinderheim und ihr selbst Schande bereitet mit dem, was sie gemacht haben. Ob sie nicht begreifen, daß diese Damen dem Kinderheim nie wieder etwas schenken werden? Vielleicht überhaupt keinem Kinderheim mehr in ganz Rio oder Brasilien. Sie haben nicht nur sich selbst, sondern vielen anderen Kindern geschadet. Dona Mercedes regt sich auf, und bald brennt die erste Ohrfeige auf Isabels Wange. Die nächste ist für Marion. Neuerliche Strafpredigt. Wieder eine Runde Ohrfeigen. Dann holt sie den Bambusstecken heraus, und die Hiebe sausen durch die Luft. Erst als sie ihre Wut abgelassen hat, werden die beiden in den Schlafsaal geschickt, wo sie für den Rest des Tages eingeschlossen werden. Etwas zu essen haben sie nicht zu erwarten. Die Geschenke werden ihnen natürlich abgenommen.
Das neue Mädchen Zelda liegt schon in Isabels Bett. Isabel schaut sie nicht einmal an, sondern klettert sofort ins obere Bett hinauf. Hier liegt sie und starrt eine Weile an die Decke. Es ist ihr egal, ob sie etwas zu essen bekommt oder nicht. Sollen sie doch ihre wäßrige Suppe behalten.
Isabel ist schon fast eingeschlafen, als sie von unten Schluchzen hört. Zuerst versucht sie, es nicht zu beachten, aber das Weinen rührt etwas in ihr an, etwas, das sie eigentlich nicht spüren möchte. Deshalb hängt sie sich über den Rand und zischt nach unten:
»Warum plärrst du denn?«
Zwei große, verängstigte Augen treffen ihren Blick. Das Mädchen zittert am ganzen Körper.

»Bist du krank?« fragt Isabel, bekommt jedoch keine Antwort.

Das arme Ding, denkt sie. Sie ist bestimmt irgendwo an einer Straßenecke stehengelassen worden und weiß nicht, ob sie im Himmel oder in der Hölle ist. Obwohl darüber eigentlich kein Zweifel bestehen dürfte. Nicht einmal für eine Sechsjährige.

»Okay, wenn du nicht sagen willst, was los ist, dann ist das deine Sache, aber hör auf zu plärren, ich will schlafen. Wenn man gerade von Dona Mercedes verprügelt worden ist, fühlt man sich nicht in Bestform. Vor ihr mußt du dich in acht nehmen.«

Das Mädchen versucht, leise zu sein, aber sie schafft es nicht, und das weiche warme Gefühl breitet sich wieder in Isabel aus, und dieses Mal schiebt sie es nicht weg. Stattdessen klettert sie zu der Kleinen hinunter und setzt sich auf ihr Bett.

»Du brauchst keine Angst zu haben, ich wollte nicht böse sein.«

Sie streicht Zelda sanft über die Arme und trocknet die Tränen mit den Fingern weg. Nach einer Weile zittert das Mädchen nicht mehr.

Isabel weiß nicht so recht, worüber sie mit ihr reden soll, deshalb erzählt sie ihr von Sandra, die nach São Paulo gefahren ist, um einen reichen weißen Amerikaner zu finden, den sie heiraten wird.

»Dann kommt sie wieder und holt mich, und dann fahren wir zusammen nach Amerika«, sagt sie. »Vielleicht . . . nimmt sie dich auch mit.«

Da lächelt Zelda. Es sieht eher wie eine Grimasse aus, aber sie lächelt, und Isabel lächelt zurück.
»Soll ich mich ein Weilchen zu dir legen?«
Das Mädchen nickt, und Isabel kriecht unter die Decke und legt vorsichtig ihren Arm um sie. Nach einer Weile schlafen sie beide ein.

11

»Was zum Teufel soll das bedeuten!« schreit eine Stimme direkt in den Traum. »Habt ihr nicht zwei Betten? Oder paßt es dir etwa nicht, oben zu liegen, Isabel?«
Verschlafen starren die beiden Mädchen Dona Corinha an, die mit ihrer enormen Körperfülle vor ihnen aufragt. Das Fett quillt unter den Ärmeln der Uniformbluse hervor.
»Sie war traurig . . .«, erklärt Isabel.
»Unsinn!« unterbricht die Frau sie. »Zelda kommt mit und ißt jetzt. Und du gehst hinauf in dein eigenes Bett.«
Isabel kommt der Aufforderung ohne Widerrede nach. Sie hat zwar gerade keinen Hunger, weiß aber, daß er kommen wird. Sich eine Extraportion Strafe einzuhandeln ist auch ein Streit mit Dona Corinha nicht wert. Am Anfang . . . vor langer Zeit . . . da hätte sie das vielleicht gemacht. Aber jetzt nicht mehr.
Als Isabel aufwacht, findet sie ein Stück Brot unter ihrem Kissen, und von dem Tag an kümmert sie sich um Zelda.
Es stellt sich heraus, daß Isabel mit der Straßenecke gar

nicht so unrecht hatte. Obwohl alles schon viel früher angefangen hat.
Schon als Neugeborene wurde Zelda, in Zeitungspapier eingewickelt, vor einem Kinderheim gefunden. Damals bekam sie schnell eine Mutter und einen Vater. Sie waren weiß und konnten keine eigenen Kinder bekommen. Da es keine weißen Babys in dem Kinderheim gab, und Zeldas Haut eine Idee heller als die der anderen war, nahmen sie sie. Sie tauften sie Zelda. Alles ging gut, bis die Mutter vor zwei Jahren doch noch schwanger wurde und einen eigenen Sohn bekam. Da wollten sie Zelda nicht mehr behalten.
Sie nahmen sie von Porto Alegre, wo sie wohnten, nach Rio mit. Eines Tages sagten sie, daß sie eine Frau besuchen wollten, die die Mutter kannte, und nahmen ein Taxi hier heraus. Sie ließen Zelda in der Nähe des Kinderheims stehen und sagten, sie solle warten, sie müßten die Straße suchen, wo die Frau wohnte. Aber Zelda sah, daß sie ein anderes Taxi nahmen und davonfuhren. Sie setzte sich auf das Pflaster und wartete, denn ganz innen hoffte sie doch, daß sie zurückkommen würden. Sie weiß nicht, wie lange sie da saß, aber es war bestimmt sehr lange, denn schließlich kam ein Polizist und redete mit ihr, und weil das Kinderheim ganz in der Nähe lag, brachte er sie hierher.

Durch Zelda erwacht Isabel wieder zum Leben, und sie fängt an zu träumen. Sie sehnt sich danach, aus diesem Gefängnis, umgeben von Mauern und Stacheldraht, her-

auszukommen. Hinaus in die Freiheit und zu Luiz und der Bande. Wo sie wohl gerade sind? Und vor allem, wo ist Luiz, und wie geht es ihm? Vermißt er sie? Oder hat er sie vergessen?
Sonny ist ein paar Jahre älter als Isabel. Er ist während der Zeit, in der sie schon hier war, ins Heim gekommen. Vor einigen Monaten hat er versucht abzuhauen, aber der Wachmann nahm ihn fest, und danach sah er noch wochenlang wie ein bunter Amazonaspapagei aus.
Isabel hat noch nicht viel mit ihm geredet. Aber eines Tages, als Zelda und sie wie immer vor dem Fernseher auf dem Boden liegen, kommt er und legt sich neben sie. Er macht keine Umschweife.
»Ich werde versuchen abzuhauen. Kommst du mit?«
Isabel bleibt eine Weile stumm liegen und schaut der amerikanischen Dame zu, die ein großes Glas Whisky in sich hineinschüttet, um den Schmerz einer unglücklichen Liebe zu betäuben, und die dabei gleichzeitig einem neuen Kerl hinterherstarrt.
»Und wie soll das gehen?« fragt Isabel.
»Komm mit auf den Hof, dann sag' ich's dir.«
Sie setzen sich in eine Ecke, wo niemand sie hören kann.
»Wenn Gregory Wache hat, muß er ja auch mal wie alle anderen pinkeln gehen, nicht wahr?«
»Wenn er so langsam ist, daß wir in der Zeit über die Mauer und den Stacheldraht und alles kommen, dann ist er krank«, sagt Isabel. »Und im übrigen braucht er wohl nirgends hinzugehen, um zu pinkeln, das kann er doch machen, wo er steht.«

»Schon, aber wenn Dona Corinha gleichzeitig Nachtschicht hat, dann schläft er zwischendurch mit ihr, und das dauert. Mindestens so lange, wie wir brauchen.«
»Nein«, ruft Isabel erstaunt. »Nicht Dona Corinha. Das kann nicht wahr sein!«
»Doch, ist es. Er hat es jedes Mal gemacht, wenn er Wache hatte, seit ich hier bin«, sagt Sonny. »Ich habe ihn beobachtet.«
»Warum bist du das letzte Mal geschnappt worden?«
»Weil Charlie in jener Nacht Wache hatte. Sie hatten getauscht, und er ist nur hineingegangen, um sich eine Tasse Kaffee zu holen.«
»Und wie kommen wir über die Mauer?«
»Ich habe ein Seil, das hält. Der Stacheldraht ist das schlimmste. Aber ein bißchen Blut muß man schon opfern.«
»Warum willst du mich denn dabeihaben?«
»Weil du scharf darauf zu sein scheinst. Und es bessergeht, wenn man zu zweit ist.«
»Ich bin auch scharf drauf«, sagt eine dünne Stimme neben ihnen.
Es ist Zelda.
»Nie im Leben«, sagt Sonny. »Das ist kein Spiel für kleine Kinder.«
Isabel erinnert sich an die überstürzte Flucht ihrer Schwester und wie schnell sie sich entschloß mitzukommen.
»Sie muß mit«, sagt sie bestimmt. »Sie hat schon zuviel gehört.«
Sonny ist über die neue Situation überhaupt nicht erfreut, aber er gibt nach. Sie entscheiden, den Versuch schon in der

nächsten Nacht, in der sowohl Gregory als auch Dona Corinha Dienst haben, zu wagen. Das ist am Donnerstag.
Der Donnerstag kommt, ohne daß sie noch einmal miteinander reden.
»Er hat es sich vielleicht anders überlegt«, sagt Zelda beim Frühstück.
»Wir müssen abwarten und sehen, was passiert«, antwortet Isabel.
Und warten müssen sie. Endlich geht der lange Tag vorbei, und es wird Abend. Zelda sieht Isabel fragend an, als sie ins Bett gehen.
»Es ist schon besser, wenn wir bereit sind«, flüstert Isabel, und sie legen sich mit den Kleidern ins Bett.
Als Dona Corinha kommt, um alles zu kontrollieren, tun sie so, als ob sie schliefen. Dummerweise schlafen sie irgendwann tatsächlich ein. Alle beide. Deshalb sind sie ganz überrascht, als Sonny sie weckt. Aber sie folgen ihm auf Zehenspitzen aus dem Schlafsaal, die Treppe hinunter, die zum Speisesaal, zum Büro und auf den Betonhof führt. Die Tür zum Hof ist verschlossen. Aber im Speisesaal sind zwei Fenster, die man aufmachen kann.
Sie kauern sich im Dunkeln unter eines der Fenster. Sonny hält Ausschau. Es dauert ganze Ewigkeiten, bis er flüstert: »Jetzt . . . jetzt geht er zu ihr!«
Er wartet noch einen Moment, dann macht er das Fenster auf, und dann stehen sie alle drei draußen auf dem Betonhof. Sonny schleicht zur Mauer und wirft das Seil hoch. Es hält! Er macht ein Zeichen, und Isabel klettert los. Sie hatten ausgemacht, daß sie zuerst klettern und dann Zelda helfen

soll. Sonny, der am stärksten und schnellsten ist, sollte als letzter hinüberklettern.
Isabels Herz klopft heftig, als sie die Mauerkrone erreicht. Aber sie kommt durch den Stacheldraht, obwohl sie sich solche Schrammen reißt, daß sie schreien möchte. Dann dreht sie sich um und will die Arme nach Zelda ausstrecken. Da fällt der erste Schuß. Gregory schießt! Oder ist es jemand anders? Sie hört noch einen Schuß und kann Zelda ausmachen, die sich im Dunkel an die Mauer kauert. Sonny sieht sie gar nicht.
Isabel zögert keine Sekunde. Sie springt und ist schon unten auf der anderen Seite der Mauer, und jetzt läuft sie. Sie läuft verzweifelt die Straße hinunter, ohne sich umzudrehen. Sie läuft lange, und als sie es endlich wagt stehenzubleiben, hat sie keine Ahnung, wo sie ist. Die Straße, auf der sie steht, ist sehr dunkel, und kein Mensch ist zu sehen. Sie wird also nicht verfolgt. Sie geht in der Dunkelheit viele Straßen entlang und versucht herauszubekommen, in was für einer Gegend sie ist. Eine Favela ist es nicht. Die Häuser sind vornehmer. Aber ein richtiges Reicheleuteviertel ist es auch nicht. Nicht daß sie schon einmal in einem gewesen wäre, aber sie erinnert sich, daß Luiz erzählt hat, daß dort jedes Haus seine eigenen Wachen hat. Dort gibt es auch auf der Straße Häuschen mit Wachen. Bewaffnete Wachen, die nichts anderes zu tun haben, als darauf zu achten, daß solche wie Isabel nicht einmal in die Nähe kommen.
Sie versucht sich zu erinnern, wie es war, als Gregory sie auf der Polizeistation abholte . . . wohin sind sie da gefahren? Aber sie weiß nur noch, daß sie sehr weit gefahren

sind. Das Kinderheim muß in den Außenbezirken von Rio liegen, und obwohl sie schon lange gelaufen ist, seit sie die Schüsse gehört hat, ist sie vermutlich noch im selben Stadtteil.

Plötzlich ist sie zum Umfallen müde. Vielleicht kann sie sich in dem Gebüsch da drüben verstecken. Sie kriecht so weit sie kann zwischen die Zweige und legt sich hin.

Was ist eigentlich passiert? Und was ist mit Zelda und Sonny? Hat wirklich Gregory geschossen? Hat er jemanden getroffen oder nur geschossen, um sie zu erschrecken?

Das wird sie nie erfahren, es sei denn, sie ginge zurück ins Heim. Und das wäre das letzte, was ihr einfiele. Zelda und Sonny kann sie doch nicht helfen, aber sie selbst ist frei. Frei! Mit diesem wunderbaren Gedanken schläft sie ein.

12

Isabel wacht von einem verzweifelten Schrei und jämmerlichem Weinen auf. Zuerst hat sie Angst, sich zu bewegen. Im Morgengrauen kann sie die Umgebung erkennen. Das Gebüsch, in dem sie sich versteckt hat, liegt an einer Straße ohne Gehweg. Alles ist nur rote Erde und Schotter. Die Häuser sind zwar aus Ziegelsteinen gebaut, aber sie spürt den Geruch der Armut, den Gestank von Urin, Abfall und Schweiß.

Das Weinen hört nicht auf, und eine große, kräftige Frau kommt aus dem Haus hinter dem Gebüsch. Das Kleid, das eng an ihrem enormen Körper anliegt, ist überall geflickt. Sie bleibt direkt neben Isabel stehen, rauft sich die Haare und brüllt ihren Schmerz heraus. Das Schreien formt sich allmählich zu Worten: »Er ist tot! Mein kleiner Edison ist tot, warum? Warum? Warum? Wenn es Lucas, der Schlingel, wäre, würde ich es verstehen. Er stiehlt mir alles, was ich habe. Er schlägt seine eigene Mutter. Aber mein kleiner Edison war ein Engel, und er war noch nicht einmal zwei Jahre alt.«

Aus den Nachbarhäusern kommen Leute. Frauen gehen weiter, klagen mit ihr und wollen ihr die Tränen wegküssen.

»Ich habe ihn getragen. Ich habe ihn geboren. Nicht daß ich ihn haben wollte . . . aber als er dann da war . . . er war ein Engel.«

Isabel kennt das alles nur zu gut von der Fazenda. Heute Weinen und Klagen, morgen ist Edison begraben und vergessen. Und seine Mutter hat einen Mund weniger zu stopfen.

Isabel steht auf und will losgehen. Sie hat es eilig. Sie will doch Luiz suchen. Aber sie haben sie schon gesehen.

»Wer bist du, und was machst du in meinen Büschen?« fragt die Frau.

Alle starren sie an. Isabel bleibt stehen. Sie kann nicht anders.

»Bist du so eine, die auf den Straßen rumstreunt, was?« fragt die Frau weiter. »Wie wäre es, wenn du dich ein bißchen nützlich machen würdest. Du kannst mir helfen, Bretter für einen Sarg zu bekommen. Du siehst doch aus, als ob du es gewohnt wärst zu betteln, also los. Mein Edison soll in einem Sarg begraben werden und nicht nur in ein paar Lumpen.«

Sie hätte bestimmt davonlaufen können. Aber sie erinnert sich mit einemmal an den zerschlagenen Körper ihres Vaters, wie sie ihn in Fetzen gewickelt in das Erdloch gelegt haben. Deshalb nickt sie und fragt: »Wo soll ich denn betteln?«

»Geh in die Häuser hier in der Gegend«, schlägt die Frau vor. »Sag, daß Dona Celias Edison heute nacht gestorben ist, und bitte um Geld oder Bretter für den Sarg.«

Isabel macht, was sie gesagt hat, aber keiner scheint Geld oder Bretter zu haben.

»Versuch es in den Häusern da drüben«, schlägt eine andere Frau vor. Die Frau, die da wohnt, hat zwar selbst zwölf Bälger und einen Mann, der bloß säuft. Und krank ist sie auch. Aber sie war Dienstmagd bei einer weißen Frau, die gerade bei ihr zu Besuch ist. Sie ist nett, die Weiße, sie kommt jeden Donnerstag und schaut, wie es geht. Vielleicht gibt sie dir was.«

Isabel geht über die Straße und klopft an. Ein etwa zwölfjähriges Mädchen macht auf. Sie hat zerrissene Shorts und ein abgetragenes T-Shirt an. Sie schaut Isabel an, als würde sie sie auf einer inneren Waage wiegen, um dann zu dem Schluß zu kommen, daß der Wert des Kindes vor ihr gleich null ist.

»Was willst du?« fragt sie.

Isabel hört im Hintergrund Stimmen und spricht deshalb laut und deutlich.

»Dona Celias Edison ist heute nacht gestorben, und sie bittet um eine Gabe oder Bretter für einen Sarg.«
Das Mädchen vor ihr lacht nur laut.
»Ist sie größenwahnsinnig geworden? Sag ihr einen Gruß und daß sie ihn in ein paar alte Lumpen packen kann, genau wie die anderen auch.«
»Was ist los?« fragt eine Stimme hinter dem Mädchen, und da steht die nette weiße Frau und lächelt freundlich und fragend.
Isabel wiederholt, was sie gerade vorgebracht hat.
»Hat der kleine Edison es nicht mehr geschafft?« sagt die Frau traurig und holt einen Geldschein aus ihrer Tasche.
Isabel hat sich inzwischen neugierig umgeschaut. Hier drinnen ist das Haus überhaupt nicht so schön wie von außen. Obwohl es besser aussieht als die Wellblechhütte zu Hause auf der Fazenda. Hier gibt es Betten. Zwei Stück und so groß, daß mindestens drei Kinder in jedem liegen können. Vielleicht sogar vier, wenn sie zusammenrücken. Und dann gibt es ein Sofa, und auf dem Boden liegen Matratzen. Ganz hinten in der Ecke steht etwas, das aussieht wie ein Herd. Zu Hause hatten sie einen Gaskocher, aber sie hatten nie Gas, ihre Mutter mußte das Essen über einem offenen Feuer im Freien machen, und das ging genausogut.
»Und wer bist du?« fragt die weiße Frau. »Dich habe ich hier noch nie gesehen.«
Isabel erzählt, daß sie oben in einer Favela in der Stadt wohnt, daß sie zu Besuch bei ihrer Großmutter war und sich dann verirrt hat, daß es dunkel wurde und sie sich

deshalb unter Dona Celias Gebüsch zum Schlafen gelegt hat.
»Ha, ha!« lacht das Mädchen. »Dir sieht man doch von weitem an, daß du ein Straßenkind bist.«
»Das bin ich nicht. Ich habe eine Mutter und einen Vater und fünf Geschwister, und zwei meiner Brüder sind über zwanzig und haben Pistolen.«
»Deine Klappe ist gut geschmiert«, grinst das Mädchen. »Genau wie bei allen anderen. Du wirst das Geld klauen, und Edison verschwindet in Lumpen in der Erde wie alle andern.«
»Immer mit der Ruhe«, sagt die Frau. »Ich will gerade gehen. Wenn du willst, nehme ich dich mit zurück zu deiner Favela.«
Isabel schaut das Mädchen streng an und sagt höflich »Danke, gern, das wäre nett.«
Vor dem Haus wartet Dona Celia mit einem Kind auf dem Arm. Isabel gibt ihr den Schein.
»Der ist von der Dame«, sagt sie.
Dona Celia dankt mit einem Schluchzen.
»Ich habe zwar wirklich genug Kinder, und ein neues ist unterwegs, aber es hilft nichts . . . es tut doch weh.«
Die Frau legt ihr tröstend den Arm um die Schultern.
»Ich habe gesehen, daß Senhor Martin noch gestern einige Bretter vor seinem Haus liegen hatte. Geh zu ihm und grüße ihn von mir. Er hilft dir bestimmt.«
»Gott schütze Sie«, sagt Dona Celia und macht sich gleich auf den Weg. Isabel würdigt sie keines Blickes. Das ist auch nicht nötig, denn sie ist schon unterwegs zum Auto.

Sie fahren langsam die holprige Straße hinunter. Isabel sagt nichts und wartet. Und schließlich kommt sie, die Frage, wo sie wohnt. Sie versucht fieberhaft, sich an den Namen der Favela zu erinnern, in die sie die Botengänge gemacht hat, aber sie weiß gar nicht, ob sie ihn überhaupt je gehört hat. Und die andere Favela? In die sie nach dem ersten Handtaschenraub gelaufen ist?
»Ich wohne in der Favela hinter Cobal, der großen Markthalle.«
»Aha, Santa Marta«, stellt die Frau fest. »Da fahren wir dorthin. Das paßt mir gut, dort kann ich gleich einkaufen gehen.«
Es ist weit zurück ins Zentrum. Sie hatte wirklich Glück, daß sie diese Dame getroffen hat. Sie fragt auch nicht so viel. Sie plaudert über dies und jenes. Über die Familie, die sie gerade besucht hat, über Dona Celia und den kleinen Edison. Manchmal hat Isabel das Gefühl, daß sie nur so vor sich hin redet. Isabel hört auch nicht immer zu. Sie saugt alle Eindrücke in sich auf, die von draußen auf sie einstürmen. Favelas, Einkaufszentren, Hotels, Tunnels, Esel, Kühe, Menschen, Menschen, Menschen, Autos, Autos, Autos. Und sie fühlt sich wunderbar frei.
Plötzlich schreit sie auf.
»Was ist?« fragt die Frau erschrocken und bremst, daß die Reifen quietschen.
Sie sind gerade an einer sehr ärmlichen Siedlung vorbeigefahren, in der Blech- und Bretterhütten so eng stehen, daß die Gänge dazwischen wie dunkle Striche wirken. Vor einer der Hütten hat Isabel eine magere schwarze Frau mit

einem kleinen Kind gesehen. Sie sah ihre Mutter! Hinterher ist sie nicht mehr ganz sicher. So mager war ihre Mutter doch nicht? Außerdem wollte sie ja zu Onkel Alberto, weit, weit entfernt von hier. Sie entscheidet schnell, daß sie sich geirrt hat. Es tut dann weniger weh.

»Was war denn?« fragt die Frau neben ihr noch einmal, und sie klingt ein wenig ärgerlich.

»Verzeihung«, sagt Isabel. »Ich bin eingeschlafen und habe etwas Schreckliches geträumt. Ich werde vom Autofahren immer so schläfrig.«

Die Frau lächelt erleichtert und fährt weiter.

Als sie bei der Markthalle sind, fahren sie auf den großen Parkplatz und stellen das Auto ab. Die Weihnachtssterne leuchten ihnen rot entgegen. Isabel wüßte gerne, wann denn Weihnachten ist, aber sie traut sich nicht zu fragen.

»Komm mit, dann kaufe ich ein bißchen Obst für dich«, sagt die Frau, aber Isabel schüttelt den Kopf.

»Meine Mama macht sich bestimmt Sorgen um mich«, sagt sie.

Dann knickst sie, bedankt sich, daß sie mitfahren durfte, und rennt los. Sie weiß auf jeden Fall noch, in welche Richtung sie laufen muß, damit es so aussieht, als wolle sie wirklich in die Favela. Aber als sie ein Stück gegangen ist, schaut sie sich um, und da weder die Frau noch das Auto zu sehen ist, geht sie ruhig die Rua Voluntário hinunter. Zum Tunnel, der zur Copacabana führt.

13

Als sie wieder auf der Avenida Atlántica steht und das Meer vor sich sieht, ist sie glücklich. Der Strand ist voller Leute. Es ist Hochsommer und ein wunderbarer, sehr warmer Vormittag. Isabel würde gerne baden, aber sie muß wohl warten, bis die anderen nach Hause gegangen sind. Sie will sich nicht noch einmal von der Polizei schnappen lassen.

Plötzlich hört sie schrille Musik. Ein Auto mit einem Weihnachtsmann auf der Ladefläche kommt angefahren. Die Lautsprecher spielen ein Lied, das sie nicht kennt. Die Touristen scheinen begeistert zu sein. Das Auto kommt immer näher. Sie wird neugierig, vergißt, vorsichtig zu sein, und läuft zum Auto. Das Gesicht des Weihnachtsmannes leuchtet kohlschwarz gegen den weißen Bart und die rote Kapuze. Er wirft den Touristenkindern etwas zu. Es sind Bonbons. Eine große Tüte kommt direkt auf Isabel zu, die jubelnd ihre Arme hochstreckt, sie ist sicher, daß sie sie fängt. Sie lacht glücklich, aber hoch über ihren Armen schnappt jemand die Tüte. Als sie sich umdreht, sieht sie einen großen, blonden weißen Mann, so einen, wie ihn ihre Schwester oft beschrieben hat. Aber er lächelt sie nicht warm und freundlich an, wie er es in den Träumen machte. Er grinst sie vielmehr höhnisch an.

»Das verstehst du wohl, du kleine Diebin, daß die nicht für dich ist«, sagt er und gibt die Tüte einem kleinen Jungen, der sich an ihn klammert.

Isabel dreht sich enttäuscht um und geht weiter die Avenida Atlántica entlang, vorbei an den Hotels und Restaurants mit den künstlichen Weihnachtsbäumen, die mit bunten, ständig blinkenden Lampen dekoriert sind. Manchmal bleibt sie stehen und schaut in das Menschengewimmel. Aber . . . kein Luiz. Schließlich geht sie weiter durch die Viertel, die zur Brücke führen.

Alle Höhlen sind leer. Keine Kartonstücke, nicht das kleinste Anzeichen, daß hier in letzter Zeit jemand geschlafen haben könnte.

Sie wird unruhig und erinnert sich noch einmal an all die schrecklichen Geschichten, die hier unter dem Motorenlärm geflüstert worden sind. Sie geht schnell zur Copacabana zurück und hofft, jemanden aus einer anderen Bande zu treffen. Die wissen vielleicht etwas. Und sie hat Glück, denn plötzlich steht Sidney vor ihr . . . aber er hat Luiz' Wildlederjacke an.

»Aha, du bist also wieder da«, sagt er.

»Wo ist Luiz? Und warum hast du seine Kleider an?«

»Er ist nicht mehr hier in der Gegend. Er hat Glück gehabt, daß er davongekommen ist, es hätte nicht viel gefehlt, und sie hätten ihn damals geschnappt. Jemand hat verraten, daß er für die Drogenmafia oben in der Favela Botengänge gemacht hat.«

»Wo ist er jetzt?«

»Das letzte, was ich gehört habe, ist, daß man ihn oben auf der Cinelandia gesehen hat.«

»Und die anderen?«

»Die Bande ist auseinandergebrochen. Er hat jetzt wohl eine andere, wenn er überhaupt eine hat.«

»Warum hast du seine Jacke?«
»Was ist das denn für ein Kreuzverhör! Ich habe sie ihm gemopst, als er so zu war von all dem Klebstoff, daß man ihm das Herz aus dem Leib hätte schneiden können, ohne daß er es auch nur gemerkt hätte.«
»Er wird sie sich wiederholen. Und dann bist du des Todes.«
»Hab' gehört, daß du im Kinderheim warst. Hast also abhauen können. Was hast du jetzt vor?«
»Nach Luiz suchen.«
»Du kannst auch bei mir bleiben.«
»Warum das? *Er* ist immerhin mein Bruder.«
»Quatsch«, brummelt Sidney und verschwindet Richtung Strand.

Isabel hat es jetzt eilig. Sie muß schnell machen, wenn sie heute noch hinauf zur Cinelandia kommen will. Dieser Platz liegt mitten im Zentrum. Sie ist fast schon wieder beim Tunnel, als sie plötzlich stehenbleibt. Das kann nicht wahr sein! Sie starrt eine Prostituierte an. Nicht eine von den normalen Copacabanahuren, sondern eine richtig heruntergekommene Hure, die in einen Schwall von Schimpfwörtern ausbricht, wenn jemand aus Versehen gegen sie stößt. Schimpfwörter, von denen Isabel sich nie hätte träumen lassen, daß ihre Schwester sie benützt.
Aber jetzt steht Sandra nur da und schaut mit leerem, starrem Blick durch die Vorbeigehenden hindurch. Sie ist abgemagert. Ihr Gesicht ist schrecklich geschminkt und sieht irgendwie verwüstet aus. Sie trägt verwaschene, zer-

rissene Frotteeshorts und ein ebensolches Top. Die hochhackigen Schuhe sind schiefgetreten und kaputt.
Isabel ist völlig überrascht und gleichzeitig zutiefst enttäuscht. Sie bleibt einfach stehen und traut sich nicht einmal, einen Schritt auf ihre Schwester zuzugehen. Da dreht Sandra sich um, schaut sie direkt an und scheint sie dennoch nicht zu sehen. Erst als sie weggehen will, reagiert Isabel.
»Sandra!« ruft sie und läuft ihr hinterher.
»Hau ab, du Drecksbalg«, sagt Sandra kalt. »Hau ab auf die Müllkippe, wo du hingehörst.«
»Und wo gehörst du hin?« sagt Isabel. »Auf jeden Fall nicht ins Rio Palace.«
Da bleibt Sandra stehen.
»Komm, wir gehen runter zum Strand und setzen uns«, sagt sie schließlich mit jämmerlich dünner Stimme.

Sie sitzen schweigend nebeneinander und starren auf das Meer. Isabel fängt schließlich an.
»Wie war es in São Paulo?« fragt sie.
»Sieht man das nicht?« antwortet Sandra kurz. »Und wo bist du gewesen?«
»Ich bin von der Polizei geschnappt worden und war in einem Kinderheim. Aber gestern bin ich abgehauen.«
Sandra nickt, als ob sie verstehen würde, dann steht sie auf.
»Also, da wissen wir ja, was so los war«, sagt sie. »Hier rumzusitzen bringt nichts zu essen ein. Wir sehen uns wohl mal wieder.«
»Bestimmt«, sagt Isabel, und dann gehen sie jede in eine andere Richtung.

Es ist schon Abend, als Isabel schließlich an der Cinelandia ist. Die Straßencafés sind übervoll mit Leuten, die Bier trinken und reden. Ein ständiges Brausen, das nur vom Verkehr auf der großen Avenida Rio Branco gestört wird. Isabel bleibt eine Weile stehen und betrachtet all die Menschen, zum Beispiel die Verkäufer mit den Tüten voller warmer Erdnüsse. Es sind Erwachsene und Kinder, und niemand jagt sie weg. Viele Leute kaufen was. Luiz hat ihr einmal erklärt, daß die Kellner es gern haben, wenn die Leute salzige Erdnüsse essen, da werden sie durstig und trinken noch mehr.
Vor dem Teatro Municipal* steht ein Clown. Er hat eine große rote Pappnase im Gesicht und eine Melone auf dem Kopf. Außerdem trägt er viel zu weite Hosen mit Hosenträgern. Aber das Spannende ist nicht, wie er aussieht, sondern was er macht. Er sucht sich jemanden aus, der vorbeikommt, und plötzlich ist er neben oder hinter dieser Person und macht jede Bewegung nach. Die Art zu gehen, die Mappe zu schlenkern oder die Tasche festzuhalten. Eine Frau holt ein Taschentuch heraus und schneuzt sich, der Clown macht es nach. Er ist wie ein Spiegel der Leute, und niemand merkt etwas, bis die Leute drum herum sich vor Lachen ausschütten.
Isabel schaut bewundernd zu. Wenn er ein paar Leute nachgemacht hat, geht er mit seiner Melone zwischen den Zuschauern herum, aber jetzt lachen sie nicht mehr. Manche legen schon eine Münze in den Hut, aber die meisten

---

* Teatro Municipal = Stadttheater

gehen weg. Es ist nicht mehr lustig. Ein Stück weiter steht ein Feuerschlucker und hinter ihm ein Mann, der richtig tolle Kartentricks kann. Überall passiert etwas, aber für Isabel ist es ein langer Tag gewesen, und bald überfällt sie die Müdigkeit, und sie erinnert sich wieder, warum sie eigentlich hier ist. Suchend schaut sie sich um. Gibt es hier jemanden, der Luiz kennen könnte? Eine Gruppe älterer Straßenkinder sitzt auf der Treppe des protzigen Hauses da drüben. Sie nähert sich ihnen vorsichtig, und als einer der Jungen sich von den anderen losmacht und die Treppe herunterkommt, geht sie zu ihm.

»Weißt du, wo Luiz ist?«

Er schaut auf sie herab und denkt offenbar darüber nach, ob er ihr antworten soll oder nicht.

»Was für ein verdammter Luiz?« sagt er schließlich.

»Luiz, er war meistens an der Copacabana mit seiner Bande. Er hatte einmal eine Wildlederfelljacke. Ich habe gehört, daß er jetzt irgendwo hier oben sein soll.«

»Ach so, der Trollo mit der Lederjacke. Doch, eine Weile hing der hier rum. Aber als ich das letzte Mal mit ihm sprach, wollte er wieder runter zur Copacabana.«

Isabel ist ganz verwirrt und läuft ein bißchen aufs Geratewohl herum. Allmählich gelangt sie zum Largo da Carioca, einem großen, offenen Platz, wo tagsüber Markt abgehalten wird. Die Müdigkeit überfällt sie wieder. Ob sie sich trauen soll, da drüben in der Rabatte ein Weilchen zu schlafen? Wenn sie Luiz morgen nicht hier in der Gegend findet, muß sie zur Copacabana zurückgehen. Vielleicht taucht er ja dort auf. Inzwischen kann sie unter der Brücke

schlafen. Wenn die Polizei die Bande von da verjagt hat, kann sie darauf hoffen, daß sie jetzt woanders suchen.
Sie legt sich ins Gras neben einen Baum, der ein bißchen abseits steht, und schläft sofort ein.
Isabel wacht auf, weil jemand an ihren Füßen zerrt. Es ist ein Mädchen, das versucht, ihr die Schuhe zu stehlen, die sie im Kinderheim bekommen hat. Die will sie nicht so einfach verlieren. Auch wenn sie seit langem nicht mehr im Sand gelaufen ist, so hat sie doch Kraft in den Beinen. Sie tritt zu, so fest sie kann, und das Mädchen brüllt vor Schmerz. Gleichzeitig sieht Isabel, daß ein paar Jungen aus dem Schatten treten und auf sie zukommen. Schnell rennt sie davon in Richtung Cinelandia und weiter durch die sich anschließenden kleinen Straßen, bis sie eine Ecke findet, wo sie sich verstecken kann. Aber sie schläft nicht mehr ein. Hier oben im Zentrum fühlt sie sich nicht sicher. Außerdem will sie ihre Schuhe behalten.

14

Es ist hellichter Tag, als Isabel wieder unten am Strand ist. Die Hitze lastet schwer und feucht auf ihr. Sie setzt sich in den Schatten einer Palme, an einen Platz, wo sie möglichst wenig Aufmerksamkeit erweckt. Hier sitzt sie und schaut zu, wie die Kinder unten am Wasser spielen. Sie bemerkt, daß die Eltern auf ihre Kinder und die mitgebrachten Gegenstände gut aufpassen. Die Kleider liegen in ordentlichen Stößen neben den Sonnenschirmen und Liegestühlen. In Haufen und Taschen, in denen sich auch Brieftaschen, Schmuck, Kameras, Walkmen, Sonnenbrillen und Sonnenöl verbergen. Sie hört die ständige Marktschreierei der Verkäufer. Eine Verkäuferin fällt ihr besonders ins Auge. Ein Mädchen, das in ihrem Alter zu sein scheint. Sie schleppt eine riesige Blechkiste voller Erfrischungsgetränke. Mit nackten Füßen geht sie durch den brennendheißen Sand. Der Schweiß läuft ihr übers Gesicht, aber sie stapft weiter. Ab und zu verkauft sie eine Flasche, aber nicht oft, trotz der Hitze.

Isabel erinnert sich an ihre Kaugummis und leidet mit ihr. Als sie außer Sichtweite ist, schreit Isabels Magen nach etwas zu essen. In den Restaurants ist Mittagessenszeit. Sie riecht den Essensduft bis hierher.

Sie muß weiter die Strandpromenade entlang, muß versuchen, ein bißchen Brot zu betteln. Hier sitzen die Touristen in ihren Shorts und spreizen die weißen Beine. Sie will gerade auf ein älteres Paar zugehen, als sie ein bißchen weiter weg die Polizisten entdeckt. Das reicht. Entmutigt zieht sie sich wieder auf ihren Platz im Schatten zurück.

Das Mädchen mit der Getränkekiste ist auf dem Rückweg. Dieses Mal geht sie weiter oben am Strand. Als sie in Isabels Nähe ist, bleibt sie stehen und schaut sich suchend um.

Sie ist müde, denkt Isabel. Sie will sich ausruhen.

Plötzlich kommt das Mädchen und setzt sich neben sie, ohne sie eines Blickes zu würdigen. Sie lehnt sich an die Palme und stöhnt leise.

»Anstrengend?« fragt Isabel.

Das Mädchen nickt mit geschlossenen Augen.
»Verkaufst du gut?«
»Nicht so, daß sie zu Hause zufrieden sein werden.«
Klar, mit so einer Kiste muß man ein Zuhause haben.
»Ich wohne mit meinen Eltern und Geschwistern in Vidigal«, sagt das Mädchen.
Isabel sperrt die Augen auf. Vidigal ist Rios feinste Favela. Der Papst war einmal dort zu Besuch, und davor wurde dort alles renoviert. Die Leute bekamen fließendes Wasser und Strom und alles mögliche. Es ging ja nicht, daß ein so heiliger Mann zu sehen bekam, wie die Leute so leben in der Welt. Luiz hat ihr das erzählt.
»Wir wohnen nicht besonders vornehm«, sagt das Mädchen, als ob sie ihre Gedanken gelesen hätte. Wir wohnen in einer Blechhütte zusammen mit meinem Onkel und meiner Tante. Wir sind erst seit ein paar Monaten in Rio. Die Blechhütte ist schon okay, auch nicht schlechter als die, die wir verlassen mußten, aber ich bin den Krach so leid. Mein Vater versäuft das ganze Geld, das ich und meine Geschwister verdienen, und dann kommt er nach Hause und verprügelt uns alle. Manchmal habe ich Lust, einfach abzuhauen. Das hast du wohl gemacht, was?«
»Arbeiten alle deine Geschwister?«
»Alle außer meinem ältesten Bruder. Frag mich nicht, was er macht. Das einzige, was ich weiß, ist, daß er genauso gut prügelt wie mein Vater.«
Isabel hat eine Idee.
»Ich kann dir beim Verkaufen helfen, und du kannst dich ausruhen«, schlägt sie vor.

Das Mädchen zögert erst, ist dann aber einverstanden.
»Okay, aber ich und mein großer Bruder, wir haben beide ein Auge auf dich«, sagt sie.
»Du hast doch gerade gesagt, daß du nicht weißt, was er macht.«
»Ja, aber da drüben kommt er gerade.«
Isabel schaut nicht einmal in die gezeigte Richtung. Sie nimmt die Kiste und geht am Strand entlang. Und sie verkauft. Erst mindestens so viel wie das Mädchen. Dann mehr. Es macht ihr Spaß. Sie macht die Kiste auf und zeigt, wie herrlich kalt die Getränke in den Eisbrocken sind. Sie lächelt die Kunden selbstsicher an, als ob sie wüßte, daß sie ihr etwas abkaufen werden.
Eine Gesellschaft hat einen Kassettenrecorder laufen, und gerade als Isabel vorbeikommt, spielt eine Samba. Da kann sie es nicht lassen. Sie stellt die Kiste ab und fängt an zu tanzen. Isabel kann gut Samba tanzen. Genau wie ihre Mutter und Sandra und Generationen vor ihnen. Sie lacht in die Sonne und die Wellen der Copacabana, sie ist glücklich, wenn sie tanzt.
Oh, und wie die Leute hinterher applaudieren, und dann kaufen sie ihr alle ein Getränk ab.
»Schau«, sagt sie stolz, als sie zu dem Mädchen zurückkommt. »Ich habe alles verkauft!«
»Du bist ja verrückt«, sagt das Mädchen. »Das hat ganz bescheuert ausgesehen, als du getanzt hast.«
»Aber ich habe Geld verdient«, sagt Isabel. »Hier ist dein Teil.«
Sie gibt dem Mädchen den halben Bund Scheine.

»Das ist ja bloß die Hälfte!«
»Ja, etwas muß ich wohl auch dafür bekommen, daß ich verkauft habe. Du glaubst doch wohl nicht, daß ich mich für nichts mit deiner Kiste abgeschleppt habe?«
»Vergiß es! Ich muß zu Hause abrechnen. Jeden Centavo. Verstehst du das nicht! Außerdem kostet es Geld, die Getränke zu kaufen.«
Isabel gibt der Kiste wütend einen Tritt.
»Scher dich zur Hölle. Ich hab' die ganze Arbeit für dich gemacht. Du kannst ja überhaupt nicht verkaufen. Verpiß dich! Ich werde dir auf jeden Fall nicht mehr helfen.«
Das Mädchen hängt sich die Kiste über die Schulter.
»Du weißt doch nicht, wo du hingehen kannst, das sieht man dir an.«
»Ich warte auf meinen Bruder. Er ist verschwunden. Aber ich werde ihn schon finden!«
»Du kannst vielleicht so lange bei uns wohnen«, sagt das Mädchen. »Natürlich nur, wenn du mir tagsüber beim Verkaufen hilfst.«
Isabel tut so, als ob sie es sich überlegen würde, aber das tut sie im Grunde nicht. Sie fühlt sich allein unter der Brücke nicht sicher.
»Okay«, sagt sie nach einer Weile. »Aber ich werde mich nicht verprügeln lassen, weder von deinem Vater noch von deinem Bruder. Vergiß das nicht!«

Sie lassen die Strände hinter sich und gehen zur Vidigalfavela hinauf. Isabel ist das erste Mal hier, und sie ist beeindruckt von dem, was sie sieht . . . anfangs zumindest. Die

Häuser sind aus stabilen Steinen gebaut, es gibt hier viele Geschäfte und ordentliche Straßen. Aber dann verläßt Elly, so heißt das Mädchen, die größeren Straßen und biegt in kleine ab. Bald sind sie auf einem Pfad, der sich zwischen den üblichen Blechhütten und Abfallhaufen nach oben schlängelt.

Hier hat sich dieser Papst bestimmt nicht umgeschaut, denkt Isabel.

»Warte hier!« sagt Elly und verschwindet hinter einem riesigen Gebüsch.

Isabel folgt ihr mit einigem Abstand. Sie kann die heruntergekommene Hütte bereits erkennen und hört auch die harte, streitsüchtige Stimme einer Frau.

Hier gibt es weder ein Dach über dem Kopf noch irgend etwas zu essen, denkt sie.

Aber die Stimme verstummt, und Elly kommt wieder.

»Meine Mutter sagt, daß du dir hier draußen im Gebüsch eine eigene Unterkunft bauen kannst. Da unten sind ein paar Bretter und Blech.«

Sie zeigt auf einen Abfallhaufen.

»Was ist mit Essen?«

»Du kriegst Suppe und Brot wie wir anderen auch. Aber du mußt mir jeden Tag verkaufen helfen, und ich kriege das ganze Geld. Mein großer Bruder wird auf uns aufpassen.«

»Na prima, dann hat er wenigstens auch etwas zu tun«, sagt Isabel. »Wann kriege ich die Suppe?«

»Bau dir zuerst deine Hütte. Es wird bald dunkel. Ich komme mit der Suppe, wenn wir anderen auch essen.«

Isabel ist so hungrig, daß es weh tut. Aber sie geht zum Abfallhaufen hinunter und wühlt in dem Dreck.
Es wird keine richtige Hütte. Ein Stück Karton zum Draufliegen und zwei Blechstücke, die gegeneinander lehnen, und dann noch ein Brett vor der Türöffnung. Wenn es regnet, kann sie ebensogut unter freiem Himmel liegen. Die Höhle unter der Brücke war besser, aber hier ist es sicherer. Das muß genügen, bis sie Luiz gefunden hat.

Früh am nächsten Morgen gehen die beiden Mädchen mit ihrer Blechkiste hinunter zur Copacabana. Sie wechseln sich ab mit dem Verkaufen. Elly zeigt auf einen großen dünnen Typ, von dem sie behauptet, er sei ihr Bruder. Er folgt ihnen mit Abstand.
Isabel verwendet ihre Pausen dazu, nach Luiz Ausschau zu halten, aber ohne Ergebnis.
Jeden Tag, bevor sie wieder nach Vidigal zurückgehen, baden sie im Meer, während der Typ die Kiste bewacht.
Nach der Abendsuppe geht Isabel wieder den Berg herunter. Sie geht erst zu den Höhlen unter der Brücke und dann hinunter zum Strand. Hartnäckig macht sie das jeden Abend.

15

Ein Abend ist ganz anders als alle anderen. Es ist Silvester. Schon um neun wird der ganze Autoverkehr zur Copacabana und den umliegenden Straßen gesperrt. Riesige Lautsprecher sind am Strand entlang aufgestellt worden. Als es dunkel wird, kommen Hunderttausende herunter zur Avenida Atlántica und füllen den Strand, die Restaurants und die Bars.

Die meisten Menschen sind weiß angezogen. Die Frauen tragen weiße Kleider, die Männer weiße Hosen und Hemden, die Jugendlichen weiße Shorts oder einfach weiße Badeanzüge. Und dann warteten alle . . . die Reichen oben in den Luxushotels und Restaurants, die Armen unten am Strand und die Touristen überall.

Die Leute essen und reden und hören der Musik zu, die aus den Lautsprechern kommt und sich mit dem Rauschen der Wellen des Atlantiks vermischt.

Natürlich sind auch Isabel und Elly hier, und natürlich haben sie auch ihre Blechkiste dabei. Jetzt heißt es, Getränke zu verkaufen. Aber sie wissen auch beide, daß es der Abend des Macumba-Kultes* ist.

Isabels Großmutter hat erzählt, daß die Sklaven damals, als sie von Afrika hierherverschleppt wurden, auch ihre Bräuche und den Glauben an ihre Götter mitgebracht haben.

---

* Macumba = Religion, die afrikanische Kulte und christliches Brauchtum vermischt

Die Macumba-Anhänger glauben an die Göttin des Meeres und verehren sie in der Silvesternacht. Sie ziehen sich weiß an, und um zwölf Uhr gehen sie ins Meer hinaus und legen weiße Blumen ihr zu Ehren aufs Wasser. Sie tanzen sich auch in Trance, um mit den Geistern in Kontakt zu kommen, und sie bitten um Frieden und Brüderlichkeit und ein gutes neues Jahr ohne Krankheiten und Elend. Es gibt auch welche, die böse Geister austreiben.

Isabel und Elly arbeiten schwer, und sie haben gerade alle Getränke verkauft, als eine Bande etwas älterer Jungen sie in eine Ecke drängt. Isabel will gerade das Geld hergeben, das sie für Elly verdient hat, als sie ein Messer am Hals spürt.

»Alles hergeben!« hört sie eine Stimme hinter sich sagen.

Sie sieht den Typ, der das Messer hält, nicht, aber die Stimme erkennt sie, und von Kopf bis Fuß breitet sich ein jubelndes »*Endlich!*« in ihr aus.

Sie lacht glücklich, als sie ihm die Scheine in die Hand drückt.

Luiz starrt sie erstaunt an. Keine Umarmung – aber dann breitet sich ein breites Grinsen auf seinem Gesicht aus, und in seinen Augen glitzert es.

»Du hast es also doch geschafft abzuhauen«, sagt er.

Isabel nickt stolz. Luiz zeigt fragend auf Elly.

»Wer ist das?«

Isabel erzählt von den Blechstücken und der Suppe im Tausch gegen die Hilfe beim Getränkeverkaufen und fügt hinzu, daß sie das sicherer fand als unter der Brücke.

»Dieser Bandit ist also dein Bruder«, zischt Elly wütend.

»Wart nur, bis *mein* Bruder das erfährt. Da wird nicht viel von euch übrigbleiben, ihr Rotznasen.«
»Sie sind neu in der Stadt«, erklärt Isabel.
»Komm, wir gehen«, sagt Luiz und nimmt Isabel am Arm. Dann wendet er sich an Elly. »Und du gehst heim zu deiner Mama und sagst ihr, daß meine Schwester es nicht nötig hat, sich den Arsch aufzureißen für ein paar Blechstücke und eine wäßrige Suppe.«
Elly nimmt die leere Getränkekiste und trottet davon. Die Jungenbande löst sich schnell auf, und bald sind nur noch Isabel und Luiz übrig.
»Wir warten noch eine Weile, bis sie richtig voll sind. Dann greifen wir sie ab«, sagt Luiz. »Heute abend sind viele Touristen hier, und wenn sie genug gesoffen haben, vergessen sie sich und stecken den Geldbeutel in die Potasche. Und falls uns jemand beobachten sollte, wie wir ihnen helfen, ihr Geld loszuwerden, dann verschwinden wir einfach in der Menge.«
»Warum wohnt niemand mehr unter der Brücke?« fragt Isabel.
»Die Polizei hat da aufgeräumt und die halbe Bande mitgenommen. Habe seither keinen von denen gesehen. Ich bin jetzt in einer neuen Bande, oben in Santa Teresa.«
Da hatte Sidney also nicht ganz unrecht.

Luiz und Isabel stehen zusammen in der Volksmenge und schauen dem Feuerwerk zu, das um zwölf vor den Luxushotels abgefeuert wird. Kaskaden farbsprühender Sterne regnen auf sie herab. Mindestens zwei große »Wasserfälle«

sehen sie. Einen hohen, schmalen und einen niedrigeren, dafür aber um so breiteren. Gleichzeitig spielen Laserstrahlen über den ganzen Himmel.
Die Leute rufen »oohhh« und »aahhh«, und Isabel und Luiz rufen mit.
Hinterher kichern sie glücklich. Auch wenn das Fest wirklich nicht für sie gedacht ist, ist es doch auch das ihre. Niemand kann ihnen nehmen, was sie sehen und erleben. Während einer besonders großen Sternenkaskade sucht Isabel nach der Hand von Luiz, und er nimmt sie.
Aber als die Sterne in die Wogen des Atlantik gefallen und erloschen sind, ziehen beide ihre Hände wieder zurück und stehen eine Weile schweigend und verlegen da. Auch um sie herum wird es ganz still. Alle warten . . . und dann kommt sie . . . erst ganz vorsichtig aus den Lautsprechern, man kann sie fast nur ahnen. Aber bald wird sie fester und wagemutiger, und dann ist sie über und in ihnen . . . die Samba!
Die Leute fangen an zu tanzen. Zum Schluß ist die ganze Copacabana ein Meer aus tanzenden Menschen. Isabel und Luiz tanzen auch, aber nur eine kleine Weile, denn jetzt ist die Gelegenheit für sie gekommen.
»Siehst du den Alten da drüben?«
»Der mit der Flasche in der Hand, der den Mädchen zuschaut?«
»Genau. Siehst du, wie seine Potasche sich wölbt?«
»Und wenn er was merkt?« sagt Isabel, die mit einemmal unsicher wird.
»Der hat so geladen, der merkt nichts. Aber okay, ich tanze

erst mit den Mädchen. Das verwirrt ihn, und dann werde ich ihn anschubsen, und dann kann sogar ein Zweijähriger ihn berauben. Lauf dann zu der Steinbank da drüben, und warte auf mich.«

Leider geht es nicht ganz so leicht, wie Luiz es sich gedacht hat. Er tanzt zwar mit den Mädchen, auch wenn die nicht sonderlich begeistert sind, aber als er »zufällig« den Mann anschubst und Isabel schon die Hand um die Brieftasche hat, brüllt und schreit plötzlich jemand, und alle Mädchen stürzen sich auf Isabel.

Luiz ist schon weit weg, und das wäre Isabel auch gewesen, wenn sie im Kinderheim nicht aus der Übung gekommen wäre. Das eine Mädchen erwischt sie und hält sie fest.

»Jetzt kommst du mit, du Hurenbalg«, sagt sie. »Ich glaube, die Polizei würde gerne mit dir reden.«

Zu dem Touri, der das Ganze schockiert beobachtet und die Brieftasche ins Hemd steckt, sagt sie mit einer Stimme, die vor Verheißung trieft: »Warte hier, ich bin gleich wieder da.«

»Elende Schlampe!« sagt Isabel. »Du willst ja nur selber an sein Geld.«

»Bei mir kriegt er wenigstens was dafür.«

»Und bei der Polizei willst du dich bloß einschmeicheln, damit sie dich in Ruhe lassen. Wahrscheinlich machst du es auch mit ihnen.«

»Du wirst nicht mehr ganz so frech sein, wenn der da drüben sich mit dir beschäftigt. Er wird Schlagstock genannt. Und er kann gut damit umgehen. Außerdem soll sein Hobby sein, kleine Mädchen zu vergewaltigen.«

Isabel sieht den Polizisten, und der Schreck packt sie. Aber gerade bevor sie auf die Avenida Atlántica hinaustreten, ertönt neben ihnen eine scharfe Stimme: »Laß sie los, oder ich werde dafür sorgen, daß du nie wieder eine Chance hast, hier unten zu huren. Oder überhaupt in Rio.«
Isabel starrt mit vor Erstaunen offenem Mund die schlanke junge Frau an. Sie ist wunderbar angezogen. Nicht wie eine Hure, und sie ist auch nicht wie eine Hure geschminkt. Und das wichtigste . . . sie ist Isabels Schwester.
Das Mädchen läßt sie sofort los und geht ohne ein Wort zu ihrem Touri zurück.
Isabel kriegt kein Wort heraus, aber Sandra lächelt sie an. »Heute abend habe ich dir helfen können, aber verlaß dich nicht darauf, daß ich es beim nächsten Mal auch kann.«
»Du hast ihn also doch getroffen?« fragt Isabel schließlich.
»Wen?«
»Den reichen Amerikaner.«
Sandra wird plötzlich ganz ernst.
»Wirst du diese Geschichte denn nie vergessen?« fragt sie. »Das waren doch nur Träume. Ich habe einen reichen Zuhälter getroffen, und er ist in mich verliebt. Er ist einer der größten hier unten. Solange ich in seiner Gunst bin, ist es so. Ich brauche mich nicht zu prostituieren. Ich helfe ihm, die anderen Mädchen zu überwachen. Aber ich weiß, daß auch wieder andere Tage kommen. Er wird eine neue finden, die seine Favoritin wird, und dann . . .«
»Keine, die so schön ist wie du«, sagt Isabel mit Bestimmtheit.

»Es ist gut, daß du wieder mit diesem Luiz zusammen bist. Er weiß, daß man nicht von Träumen leben kann. Halt dich an ihn! Übrigens wartet er da drüben auf dich.«
Isabel schaut sich um, aber sie sieht keinen Luiz. Als sie sich wieder zu Sandra umdrehen will, ist die auch weg. Da geht sie zu der Steinbank, wo sie auf Luiz warten sollte. Noch bevor sie dort ist, steht er neben ihr.
»Verdammt, bist du aus der Übung gekommen«, schimpft er. »Du bist stehengeblieben, als ob du Wurzeln schlagen wolltest. Wenn deine Schwester nicht gewesen wäre, dann wärst du schon auf dem Weg zur Polizeistation. Verdammt, Isabel, nimm dich zusammen! Ich muß wohl wieder von vorne anfangen mit dir.«
Sie sagt nichts. Sie hat sich immer noch nicht erholt von der Begegnung mit Sandra und dem Wunder, das ihr geschehen ist.
»Komm, wir gehen schlafen«, sagt Luiz.
»Gehen wir zu den Höhlen?«
»Nein, wir gehen zu einem Platz, der mir ganz allein gehört. Du bist die erste, die ihn sehen darf, und ich bringe dich um, wenn du ihn verrätst.«
Sie gehen weiter am Strand entlang, der nun immer mehr den Macumbas überlassen wird. An manchen Stellen brennen Feuer. Junge Mädchen in Weiß tanzen sich in Trance um die Flammen. Eine riesige schwarze Frau sitzt neben einem kleinen, sehr einfachen Christusbild, das im Sand steckt. Davor brennen einige Kerzen.
Diese Frau ist normal angezogen, nicht weiß. Im einen Mundwinkel hat sie eine Pfeife hängen. Ab und zu gibt ein

Junge ihr ein Glas mit etwas, das sie sofort austrinkt. Isabel vermutet, daß es Cachaça ist. Eine lange Schlange von schwarzen und weißen Leuten und auch ein paar neugierige Touristen warten geduldig darauf, an die Reihe zu kommen.

»Was macht sie?« fragt Isabel.

»Sie vertreibt böse Geister«, antwortet Luiz.

Sie scheint ihre Sache zu können, denkt Isabel und schielt auf den Berg mit Münzen neben dem Christusbild.

Sie gehen weiter. Am Ende des Strands zieht Luiz sie hinter ein paar alte rostige Tonnen.

»Hierher kommen die Bullen nie», sagt er. »Und wenn sie es täten, würden wir uns in den Tonnen versteckt haben. Da trauen sie sich nicht zu suchen, sie könnten ja von Ratten gebissen werden.«

»Wir kriechen am besten gleich in die Tonne«, schlägt Isabel vor. »Ich bin so müde.«

»Kriech du schon mal rein. Ich muß erst noch was erledigen.«

Luiz ist schon weg, und Isabel rollt sich in einer Tonne zusammen. Es riecht nach Benzin, aber sie gewöhnt sich schnell daran. Sie schämt sich, daß sie das mit der Brieftasche vermasselt hat, deswegen muß Luiz jetzt noch etwas anderes organisieren. Kurz bevor sie einschläft, denkt sie an Sandra. Wenn Sandra es geschafft hat, wieder auf die Beine zu kommen, Isabel erinnert sich noch gut daran, wie sie noch vor einer knappen Woche aussah, dann wird sie es verdammt noch mal auch schaffen.

Sie wacht mit einem Ruck auf. Jemand hat gegen die Tonne

getreten. Sie liegt völlig unbeweglich, aber um sie herum ist es ganz still. Sie hört nur die Brandung des Meeres. Was hat sie nur geträumt. Ist Luiz zurück? Wie lange hat sie wohl geschlafen?
Schließlich hält sie es nicht mehr aus. Vorsichtig kriecht sie aus der Tonne. Sie sieht niemanden. Aber sie muß erst sichergehen, ehe sie sich wieder hinlegen kann.
Erst als sie im Sand steht, sieht sie ihn. Er liegt neben der Tonne, in der sie geschlafen hat. In der einen Hand hält er eine fast leere Flasche. Sie vermutet, daß er betrunken ist und aus Versehen gegen die Tonne trat, als er umfiel.
Aber ein merkwürdiges Gefühl, daß etwas nicht stimmt, bringt sie dazu, sich über ihn zu beugen. Der Typ liegt so merkwürdig da, und jetzt sieht sie, daß sein Mund weit offensteht und die Augen unbeweglich in die Nacht starren. Sie stupst ihn mit dem Fuß an, und da sieht sie die Blutlache. Er ist tot! Er ist niedergestochen worden. Das Messer liegt noch neben ihm. Sie schaut sich verängstigt um. Aber der Strand ist jetzt fast menschenleer. Ein paar Leute bewegen sich ganz weit hinten. Niemand ist in der Nähe.
Erst steht sie völlig ratlos da. Dann sucht sie zwischen den Tonnen.
»Luiz«, flüstert sie in jede einzelne.
Aber er ist nicht da.
Wo soll sie jetzt hin? Hier kann sie nicht bleiben. Vor den Höhlen in der Brücke hat Luiz sie nachdrücklich gewarnt, und zu den Blechstücken oben in Vidigal traut sie sich nicht. Nicht, nach dem, was sie heute abend mit Elly ge-

macht haben. Das einzige, was ihr jetzt noch einfällt, ist das Gebüsch, in dem sie sich in der ersten Nacht in Rio versteckt hat.

Sie geht Richtung Strandpromenade, aber plötzlich bleibt sie wieder stehen und schaut sich noch einmal um. Hier ist tatsächlich keine Menschenseele mehr zu sehen. Also geht sie zu dem toten Mann zurück und durchsucht schnell seine Taschen. Sie findet ein großes Bündel Scheine, und die goldene Uhr am Handgelenk geht leicht ab. Sie stopft die Beute in eine Tasche im Kleid und läuft davon. Weg vom Strand und der Strandpromenade und zu »ihrem« Gebüsch.

Aber sie kann nicht einschlafen. Sie ist zu aufgeregt. Und dann macht sie sich Sorgen um Luiz. Wenn er nun zu den Tonnen zurückkäme, und die Polizei wäre da! Die würden dann bestimmt glauben, daß er es getan hat. Er war es aber nicht. Das Messer, das sie neben dem Mann gesehen hat, war nicht seins.

16

Als es zu dämmern beginnt, schläft sie endlich ein, nur um kurze Zeit später von einem gezielten Tritt gegen das Bein wieder aufzuwachen. Sie springt auf und ist bereit davonzulaufen. Da sieht sie, daß Sidney grinsend vor ihr steht.

»Wenn ich du wäre, würde ich mich nicht hier einnisten«, sagt er. »Ein Touri wurde heute nacht am Strand ermordet

und beraubt, und die Polizei ist gerade dabei, hier unten gründlich aufzuräumen.«
»Aber dich nehmen sie doch auch mit.«
»Ich habe auch nicht vor, noch eine Sekunde länger hierzubleiben. Du kannst gerne mitkommen, wenn du willst.«
Isabel hat nichts gegen Sidney. Er hat sich ihr gegenüber immer anständig benommen. Aber sie weiß auch, daß er alle Mädchen in der Gruppe zwingt, sich zu prostituieren. Und dazu hat sie keine Lust. Außerdem will sie wissen, was mit Luiz ist. Deswegen bleibt sie noch stehen, als Sidney gegangen ist.
Sie schlendert ein bißchen aufs Geratewohl umher und versucht zu überlegen, was sie machen soll.
Santa Teresa, hat Luiz gestern gesagt. Vielleicht ist er dort hin.
»Soso, hier bist du also«, hört sie plötzlich eine tiefe Stimme hinter sich sagen.
Es ist die große schwarze Frau, die sie heute nacht am Strand gesehen haben. Die Pfeife rauchte, Cachaça trank und die bösen Geister austrieb.
»Du warst wahrlich nicht leicht zu finden«, fährt die Frau fort und packt Isabel zu ihrem großen Erstaunen fest am Nacken.
»Jetzt gehen wir an einen Ort, wo wir in Ruhe miteinander reden können«, sagt sie.
Isabel versteht überhaupt nichts. Sie gehen in die Favela, in die sie vor langer Zeit für diesen Mario Päckchen hingetragen hat. Auch Luiz hatte dort offenbar die gleichen Botengänge gemacht.

Erst auf halbem Weg den Berg hinauf bleiben sie vor einem kleinen Haus stehen. Es ist aus Ziegeln gebaut, wenn auch nicht aus der besten Sorte. Es hat sogar eine Wellblechtür. Die Frau schließt auf. Im dunklen Innenraum zündet sie eine Öllampe an. Isabel sieht, daß mehrere zerschlissene Kissen auf dem Boden liegen. In der einen Ecke steht ein Gaskocher, und ein paar Plastikkisten bilden einen Tisch mit einem Stoffetzen als Tischtuch darauf.
Die Frau gibt Isabel ein Zeichen, sich zu setzen, dann schließt sie die Tür hinter ihnen zu.
»Wo hast du es versteckt?«
»Was versteckt?« fragt Isabel verwirrt.
»Das Geld, das du dem Kerl abgenommen hast, der heute nacht ermordet wurde. Ich habe dich genau gesehen, wie du seine Taschen durchwühlt hast und davongelaufen bist. Erst habe ich versucht, dir zu folgen, aber du bist verdammt schnell gewesen und warst gleich verschwunden.«
Die Angst steigt in Isabel hoch. Was will diese Frau von ihr? Wird sie sie bei der Polizei anzeigen? Oder will sie nur das Geld?
»Ich habe ihn nicht niedergestochen«, sagt sie.
»Das weiß ich. Die es gemacht haben, bekamen Angst vor einer Polizeistreife, die auf der Avenida kam. Ich selbst wollte mich gerade bedienen, aber da bist du aus der Tonne gehüpft und hast alles geklaut. Zu welcher Bande gehörst du?«
»Ich bin mit Luiz, meinem Bruder, zusammen«, sagt Isabel selbstsicher. »Er wird mich bald suchen kommen.«
»Wenn es der Luiz ist, den ich kenne, dann ist er gescheit

genug, sich der Copacabana und ihrem Umkreis für eine ganze Weile nicht zu nähern. Und das solltest du auch nicht tun. Wenn du mir das Geld gibst, kannst du hier schlafen und essen. Aber ich will das Geld, und dann mußt du für mich arbeiten.«

»Und was?«

»Du wirst mir helfen, Kräuter für meine Kräuterzubereitungen und Tees zu sammeln, vielleicht bringe ich dir auch bei, wie man weissagt. Da können wir dann durch die Cafés gehen und den Weibern in die Hand schauen. Wenn du gut den Affen spielen kannst, kann das ganz schön was einbringen.« Weissagen! Wie in aller Welt soll sie weissagen können? Aber Kräuter sammeln, das wird sie können. Da bräuchte sie weder zu betteln noch Handtaschen zu rauben. Sie möchte gerne hier bleiben, bis sie Luiz wiedergefunden hat. Obwohl es sich natürlich um sehr viel Geld handelt, was sie herausrücken müßte.

»Was passiert, wenn ich dir nicht zeige, wo ich das Geld versteckt habe?« fragt sie.

»Dann gehe ich sofort mit dir auf die Polizei. Ich habe nichts getan, mir können sie nichts anhaben. Im Gegenteil, ich bekomme bestimmt ein großes Kreuz ins Protokoll. Aber dir, mein Mädchen, wird es übel ergehen. Wahrscheinlich werden sie dich auch wegen Mord einbuchten. Irgendeinen Sündenbock brauchen sie schließlich, vor allem weil es einen Touri erwischt hat.«

Ich gebe ihr das Geld, behalte aber die Uhr, denkt Isabel und steht auf. Sie wendet der Frau den Rücken und holt dann das Geld aus ihrem Höschen.

Die Frau reißt es ihr aus der Hand. Aber damit ist sie nicht zufrieden. Sie schaut selbst noch in dem Höschen nach, durchsucht die Taschen des Kleides und findet die Uhr.
Die Ohrfeige kommt blitzschnell.
»Versuch nicht noch einmal, Dona Mary zu betrügen!« sagt sie.
Und dann lacht sie laut und polternd.
»Aber es ist gut, daß du gewitzt bist. Wie hat dein Bruder geheißen, Luiz?«
»Ja«, sagt Isabel. »Und ich bleibe hier, wenn du mir versprichst, ihn suchen zu helfen.«
»Erzähl mir ein bißchen mehr von ihm.«
»Früher hat er immer eine Wildlederjacke angehabt.
»Das habe ich mir doch gedacht«, sagt die Frau. »Es ist also der armen Marta ihr Luiz! Er ist gut. Aber erzähl mir nicht, daß er dein Bruder ist. Er war Martas erstes und einziges Kind. Sie starb gleich nach der Geburt. Er ist sein ganzes Leben lang herumgestreunt. Im Kinderheim gewesen, auf der Straße, in der Erziehungsanstalt und dann wieder auf der Straße. Er hat sogar eine Zeitlang hier bei mir gewohnt.«
»Hat er keinen Vater?«
»Kandidaten dafür hat es immer reichlich gegeben. Die Frage ist nur, wer es wirklich war, und das wird er wohl nie herausbekommen. Luiz ist ein kleiner Fuchs, aber er ist gut. Und sei nur ganz ruhig, ich werde schon herauskriegen, wo er ist.«
Isabel hat das Gefühl, daß sie mit dieser Dona Mary ganz gut auskommen könnte. Aber sie vertraut ihr nicht voll-

kommen. Sie vertraut niemandem. Das war das erste, was Luiz ihr beigebracht hat. Auf der Straße ist man des Todes, wenn man irgend jemandem vertraut, sagte er.
Als Dona Mary also sagt, daß sie einkaufen gehen wird und daß Isabel sich eine Weile hinlegen könne, wenn sie wolle, wartet Isabel, bis die Frau außer Sichtweite ist, dann schleicht sie sich aus dem Haus und auf die Anhöhe dahinter. Man kann ja nie wissen, ob es ihr nicht doch noch einfällt, zur Polizei zu gehen und vorzuschlagen, wenn sie so und so viel bezahlt bekommt, wird sie sagen, wer den Touri heute nacht umgebracht hat.
Isabel muß eine ganze Weile hinter den Büschen hocken, bis Dona Mary zurückkommt.
»Ich bin ein bißchen spazierengegangen«, sagt sie, als sie wieder ins Haus geht.
»Das ist gut, daß du dich vor den Leuten in acht nimmst«, sagt Dona Mary, die in der Ecke sitzt und ein Huhn rupft, daß die Federn nur so fliegen.
Isabel starrt auf das Huhn, als ob sie ihren Augen nicht trauen könnte.
»Ja, das kannst du glauben«, sagt Dona Mary. »Jetzt werden wir uns mal richtig satt essen. Aber heute abend gehen wir früh schlafen, denn morgen stehen wir mit der Sonne auf und pflücken Kräuter, und dann wirst du lernen zu weissagen.«
»Hast du etwas über Luiz erfahren?« fragt Isabel.
»Nein, noch nicht. Aber mach dir keine Sorgen, er kann schon auf sich aufpassen.«
Sie essen schweigend. Hühnerfleisch und Gemüse.

Allein das war es fast wert, daß sie der Alten das ganze Geld gegeben hat, denkt Isabel.
Aber weil ihr Magen seit langer Zeit nur an wäßrige Suppe gewöhnt ist, muß sie bald hinausgehen und sich übergeben.
»Steht es so schlimm mit dir?« fragt Dona Mary, als sie zurückkommt. »Leg dich auf die Kissen, ich koche dir ein bißchen Petersilientee. Das beruhigt den Magen. Morgen kannst du dann wieder etwas essen. Das Essen reicht für mehrere Tage, und wenn es alle ist, müssen wir gemeinsam sehen, wie wir wieder etwas bekommen.«
»Meine Mutter hat auch immer Petersilientee gekocht«, sagt Isabel.
»Bist du abgehauen, oder hat sie dich hinausgeworfen?«
Der Tee gibt Isabel ein angenehmes, beruhigendes Gefühl. Sie wird auf einmal gesprächig und erzählt schließlich ihre ganze Geschichte. Über den Vater, der starb, über Sandra und ihre Träume. Über die Angst vor der Gewalt von Onkel Alberto und die Flucht nach Rio und was in dieser Stadt alles passiert ist.
»Ja, ja«, seufzt Dona Mary. »Jetzt bist du auf jeden Fall hier. Und ich auch.«
»Wer bist du eigentlich?«
»Ich kam auch einmal aus so einer Familie wie du, aber wir haben zusammengehalten. Meine Eltern waren stark genug, den Druck auszuhalten, auch als wir in die Stadt kamen. Das schaffen nicht alle. Jetzt weissage ich manchmal, heile die Krankheiten der Leute, wenn ich kann. Ich helfe kleinen Rotzlöffeln, auf die Welt zu kommen. Wie

zum Beispiel Luiz. Ob die darüber froh sind, das weiß ich nicht.«

Als Schlafenszeit ist, darf Isabel nicht auf einem Kissen liegen, das ist Dona Marys Platz. Aber sie bekommt ein paar Kartonstücke mit einer Decke darüber und eine weitere Decke zum Zudecken. Sie schläft sofort ein und wacht erst wieder auf, als sie im Morgengrauen geweckt wird.

»Die Sonne ist doch noch gar nicht aufgegangen«, jammert sie verschlafen.

»Mach dir um die mal keine Sorgen, die kommt, wenn es an der Zeit ist«, sagt Dona Mary und reicht ihr eine Tasse heiße Hühnersuppe. »Wir haben einen langen Tag vor uns, deshalb fangen wir früh an.«

Sie gehen durch die Favela den Berg hinauf, in den Wald hinein. Dort zeigt Dona Mary Isabel, welche Pflanzen sie pflücken soll, wo sie sie entdecken kann und wozu man sie verwendet. Isabel findet es aufregend und lernt schnell.

Sie kehren erst wieder zurück, als die Sonne am heißesten brennt, und da ist es angenehm in dem dunklen Häuschen. Jetzt kann Isabel Huhn und Gemüse essen, ohne sich übergeben zu müssen. Dann hält Dona Mary ihr Nachmittagsschläfchen, und danach kommt die erste Lektion im Aus-der-Hand-Lesen.

»Ist denn irgend etwas davon wahr?« fragt Isabel nach einer Weile.

»Natürlich ist es wahr«, sagt Dona Mary. »Ich habe es von meiner Großmutter gelernt, und die von ihrer. Aber das wichtigste ist, du darfst nie die ganze Wahrheit sagen. Du mußt das Gute vergrößern und nur ab und zu ein bißchen Unglück hineinstreuen. Wenn du nur Gutes siehst, mußt du etwas Schlechtes erfinden, sonst glauben die Leute dir nicht. Und wenn du nur Unglück siehst, dann mußt du es umgekehrt machen, und da kannst du ruhig dick auftragen. Die Leute bezahlen nicht, um zu erfahren, daß sie in ein paar Tagen sterben werden. Es kommt auch darauf an, *wem* du weissagst. Wenn es eine schöne junge Frau ist, dann hat sie selbstverständlich Verehrer und will immer noch mehr, verwöhnt, wie sie ist.«

»Aber dann erfindet man ja doch nur etwas!« unterbricht Isabel sie.

»Was in der Hand zu lesen ist, kann niemand verändern, aber du mußt auch den Menschen sehen und versuchen, die Wünsche zu erahnen. Sie bezahlen, um zu hören, daß ihre Träume wahr werden.«

»Das kommt mir sehr schwierig vor.«

»Du wirst es lernen. In der ersten Zeit kommst du nur mit und schaust, wie ich es mache.«

»In welche Cafés werden wir gehen? Auf der Copacabana kennen mich viele Kellner als Bettlermädchen. Die werden mir kein Wort glauben. Die werden mich auslachen und allen, die da beim Essen sitzen, sagen, daß sie mir auch nicht glauben sollen.«

»Mich kennen die auch alle«, sagt Dona Mary. »Und ich versichere dir, daß ich den meisten schon aus der Hand gelesen habe. Wenn ich sage, daß du eine Naturbegabung bist, dann werden sie mir auch das glauben. Aber wir gehen am Anfang nicht auf die Copacabana. Sie sind da immer noch viel zu nervös nach dem Mord. Wer weiß, vielleicht haben noch andere außer mir gesehen, wie du die Leiche gefleddert hast.«

17

Vor dem Haus ist ein schrecklicher Lärm. Eine Frau schimpft und flucht. Eine Jungenstimme schreit alle Schimpfwörter heraus, die es in Brasilien gibt. Isabel zuckt zusammen. Sie kann Dona Mary ansehen, daß auch sie die Stimme erkannt hat, und beide gehen zur Tür. Draußen steht eine Frau, die Dona Mary sehr ähnlich ist. An der einen Hand schleppt sie einen mageren Jungen, der ununterbrochen damit droht, was er mit ihr machen wird, wenn er wieder gesund ist.

Erst als er Isabel erblickt, schweigt er und ruft dann aus:

»Was zum Teufel machst du denn hier?«

Die Frau neben ihm gibt ihm eine schallende Ohrfeige.

»So redest du nicht mit meiner Schwester«, sagt sie. »Sie ist die einzige, die dein verfluchtes Leben vielleicht noch retten kann.«

»Ich habe nicht sie gemeint. Ich habe die Rotznase gemeint.«

»Willkommen, Luiz«, sagt Dona Mary grinsend. »Die Rotznase hat sich *solche* Sorgen um dich gemacht. Wo hast du dich herumgetrieben?«

»Wo er sich herumgetrieben hat?« sagt Dona Marys Schwester. »Das kann ich dir erzählen. Er hat hinter meinem Abfallhaufen gelegen und sich versteckt. Ich habe ihn erst heute gesehen oder vielmehr gehört, als ich aus Versehen den Abfall auf ihn geschüttet habe. Und als ich dann Dona Martas ungeratenen Sohn erkannte, habe ich mich seiner erbarmt, trotz seiner großen Klappe. Er durfte sich waschen, und da sah ich das da und dachte, das wäre etwas für dich und deine Kunst.«
Sie zieht Luiz' Hemd hoch und zeigt auf eine große Messerwunde am Bauch. Isabel wendet sich ab. Dona Mary zuckt nicht einmal mit der Wimper.
»Komm herein«, sagt sie, und Luiz kommt hinter ihr ins Haus geschlichen.
Er darf sich auf die Kissen legen, und Dona Mary säubert die Wunde mit Jod. Daß es brennt, sieht man an seinen Grimassen. Aber er gibt keinen Pieps von sich. Erst als sie fertig ist. Da dreht er sich wieder zu Isabel um.
»Was machst du denn hier?«
»Sie ist meine Assistentin, und du hältst jetzt die Schnauze«, sagt Dona Mary über ihren Kochtopf gebeugt, in dem sie verschiedene Kräuter gemischt hat.
Der Kräutersud muß eine Weile abkühlen, dann siebt sie die Flüssigkeit ab und sammelt sie in einem Blechbecher. Die Kräuter breitet sie auf einem sauberen Tuch aus, das sie Luiz um den Bauch bindet. Dann gibt sie ihm den Blechbecher. Er muß es trinken, ob er will oder nicht, bestimmt sie und nimmt dann die Plastiktasche, um Besorgungen zu machen.

»Du bleibst da liegen und bist ruhig«, sagt sie zu Luiz. »Das beste wäre, wenn du schlafen könntest. Die Wunde ist ganz schön entzündet, und du mußt froh sein, wenn ich dir helfen kann. Du wirst sehr hohes Fieber bekommen, und es hat gar keinen Sinn, daß du aufstehst und den Starken spielst. Sonst wirst du nämlich bald für immer mit der Nase im Dreck liegen.«

Dann wendet sie sich an Isabel.

»Und du stellst kein Kreuzverhör mit ihm an«, sagt sie. »Er braucht jetzt dringend Ruhe.«

Endlich sind sie allein. Luiz hat den Becher ausgetrunken und fängt schon an zu schwitzen. Isabel sucht einen Lumpen, mit dem sie ihn abtrocknen kann, aber noch bevor sie ihn gefunden hat, ist Luiz eingeschlafen. Er sieht schrecklich hilflos aus, wie er so daliegt . . . ihr großer, starker Luiz. Wenn er nun stirbt!

Ihr wird innerlich eiskalt, und sie beugt sich über ihn.

»Du darfst nicht sterben, Luiz. Du darfst nicht . . .«

Da öffnet er langsam die Augen und schaut sie müde an.

»Was du für einen Quatsch redest«, murmelt er und schläft wieder ein.

Isabel lächelt vor sich hin. Sie weiß jetzt, daß er es schaffen wird. Ihn kriegt so schnell nichts klein.

Es dauert lange, bis Luiz wieder gesund ist. Aber irgendwann scheinen Dona Marys Kräuter, Gebete und Geisteraustreibungen zu helfen. Das Fieber sinkt, und die Entzündung klingt ab. Man kann wieder mit ihm reden.

»Ein Touri ist niedergestochen worden, er ist gegen meine

Tonne gefallen und gestorben«, erzählt Isabel eines Tages, als Dona Mary nicht im Haus ist.

»Das weiß ganz Rio«, sagt Luiz. »Als ich damals am frühen Morgen auf dem Rückweg war, wimmelte es schon von Polizei. Erst habe ich geglaubt, daß sie dich geschnappt hätten, aber dann erzählte Sidney, daß er dich gesehen habe. Aber wie bist du denn hierhergekommen?«

»Wer hat dich verletzt?«

»Den kennst du nicht. Das war eine ganz normale Auseinandersetzung. Wie bist du hierhergekommen?«

Isabel erzählt es ihm.

»Dona Mary ist okay«, sagt Luiz dann. »Du hast Glück gehabt. Wenn sie dich bleiben läßt, solltest du die Chance nutzen.«

»Und du? Du kannst doch auch bleiben.«

Er schüttelt den Kopf.

»Ich habe einen alten Kumpel getroffen, der auf dem Weg nach São Paulo ist. Er sagt, daß es dort besser ist, und er will mich mitnehmen.«

Isabels Gefühle und Gedanken sind ein einziges Durcheinander. Sie will gerne bei Dona Mary bleiben. Sie fühlt sich hier sicher. Aber sie will auch mit Luiz zusammensein.

»Ich komme mit«, sagt sie nach einer Weile.

»Ich weiß nicht«, sagt Luiz müde. »Außerdem muß ich zuerst meinen Kumpel fragen. Du hast es doch gut hier.«

»Aber ich will bei dir sein.«

»Ich werde darüber nachdenken«, seufzt er. »Und das solltest du auch tun.«

»Soso, du hast also vor, nach São Paulo abzuhauen«, sagt eine Stimme von der Tür.
Dona Mary war zurückgekommen.
»Tja, warum nicht«, meint sie dann. »Man muß das Glück hier und dort suchen, und vielleicht auch zwischendrin, wenn man die Gelegenheit in diesem Leben dazu bekommt. Aber verführe die Kleine nicht zu irgendwelchen Dummheiten. Und auch du bleibst hier, bis du gesund bist. Dann kannst du dich zum Teufel scheren, ich kann euch sowieso nicht alle beide ernähren.«
»Ich weiß«, brummt Luiz. »Aber ich muß zuerst meinen Kumpel finden. Wir wollten uns am Neujahrstag unten am Lift zum Zuckerhut treffen, aber da konnte ich nicht mal stehen. Er ist vielleicht schon weg. Ich muß ihn suchen gehen.«
»Ich werde dir morgen helfen«, sagt Dona Mary. »Heute abend gehen Isabel und ich zur Cinelandia und arbeiten. Schlaf inzwischen! Wenn du abhaust, bist du selber schuld. Die Wunde ist noch nicht geheilt, und wenn du nun schon so lange gewartet hast, kannst du auch noch eine Woche länger warten.«

An diesem Abend ist auf der Cinelandia viel los. Und die Stimmung scheint gut zu sein. Es geht ja auf den Karneval zu. Die Luft ist warm und klebrig. Die Verkäufer drängen sich in den Cafés. Nicht nur Erdnußverkäufer. Eine Frau verkauft Bilder mit weinenden Kindern.
Isabel versteht nicht, warum jemand Bilder malt, auf denen weinende Kinder sind. Das will doch wohl niemand sehen.

Wenn man schon ein Bild haben will, auf dem ein Kind ist, dann doch eines mit einem lachenden Kind. Sie sieht auch nicht, daß jemand so ein Wein-Bild kauft. Andere verkaufen Schmuck, T-Shirts, Musikkassetten, Bonbons, Kaugummi und Spielsachen. Ein Mann versucht, ein großes Holzboot zu verkaufen.
»Auf welcher Müllkippe hast du das denn gefunden?«
»Ich habe es selbst gemacht.«
»Es ist schön«, sagt ein Tourist, »aber zu teuer.«
»Ich habe so eines einmal in Lissabon gesehen«, sagt ein anderer.
Da geht der Mann ins nächste Café.
Dona Mary und Isabel schauen zu.
»Siehst du den Tisch mit den fein angezogenen Damen da drüben?« fragt Dona Mary schließlich.
Isabel nickt.
»Das scheinen keine Touristen zu sein«, sagt sie.
»Nein, aber sie sehen aus, als ob sie Geld hätten, und sie haben keine Männer dabei. Manchmal wollen sich die Frauen nicht aus der Hand lesen lassen, wenn ihre Männer dabei sind. Die lachen sie bloß aus. Wir gehen jetzt zuerst so ein bißchen zwischen den Tischen umher, dann gehen wir zu ihnen. Du sagst überhaupt nichts, du schaust nur zu und lächelst ein bißchen rätselhaft, wenn ich ihnen von schönen Sachen erzähle, und dann guckst du ernst und bekümmert, wenn ich mit dem Unglück herausrücke.«
Dona Mary hat ihre Pfeife gestopft und angezündet. Sie richtet das Kleid und den Turban, den sie um die Haare

geknotet hat. Ihre Haltung ist aufrecht und respekteinflößend. Isabel verschwindet in ihrem Schatten.
»Wollen Sie Ihr Schicksal erfahren, Madame?« fragt Dona Mary mit dieser Stimme, die Isabel vor Erstaunen die Augen aufreißen ließ, als sie sie das erste Mal hörte.
Es ist eine tiefe Stimme, ein bißchen heiser und so voller Mystik und Magie, daß alle Leute eine Gänsehaut kriegen.
Die erste »Madame«, die mit einem Mann zusammen am Tisch sitzt, schüttelt verlegen den Kopf. Aber Isabel hat schon die Neugier in ihren Augen gesehen. Wenn der Mann nicht dabeigewesen wäre . . .
Sie gehen an einem Tisch mit jüngeren Männern vorbei, die fröhlich und ausgelassen sind.
»Hallo, du!« ruft der eine. »Kannst du mir eine junge schöne Frau garantieren?«
»Zeig die Hand, dann werden wir sehen.«
»O nein, dann willst du bestimmt Geld.«
»Natürlich will ich Geld, wenn ich dem Herrn die Zukunft deute. Außerdem sehe ich auch schon, ohne die Hand anzuschauen, daß Ihnen ein spannendes Leben bevorsteht. Das erkennt man an der Gesichtsform und an den Augen.«
Die anderen am Tisch lachen.
»Mach die Hand auf!« ruft einer von ihnen.
Schließlich tut er es, und Dona Mary nimmt die weiße, feingliedrige Hand in ihre große schwarze. Sie hebt die Augenbrauen, sagt aber noch nichts.
»Nun, siehst du eine schöne Frau?« fragt einer der anderen ungeduldig.

Da zieht Dona Mary Isabel zu ihrem großen Entsetzen zu sich heran.
»Siehst du auch, was ich sehe, mein Kind?« fragt sie sehr leise.
Isabel starrt dümmlich in die Hand des Mannes. Sie findet, daß sie aussieht wie die meisten Hände, und versucht sich zu erinnern, was Dona Mary über die verschiedenen Linien gesagt hat. Eine ungewöhnlich gewöhnliche Hand, denkt sie. Zumindest was das angeht, was sie bisher gelernt hat. Hier kommt es also darauf an, Theater zu spielen. Deshalb schaut sie die Hand genau an, macht einen Schritt zurück und starrt Dona Mary ernst an.
»Ja, ich sehe es«, flüstert sie.
Der Mann wird nervös. Die anderen werden immer neugieriger.
»Was siehst du?« fragen sie.
»Ich sehe eine sehr schöne Frau«, sagt Isabel. »Sie befindet sich schon in der Nähe des Herrn. Dann sehe ich . . .«
Hier schweigt sie plötzlich und wendet sich ab. Dona Mary nickt zufrieden.
»Das Mädchen ist eine Naturbegabung. Gott selbst hat sie mir geschickt.«
»Ist sie nicht deine Tochter?«
»O nein«, antwortet Dona Mary mit dieser magischen Stimme. »Ich habe ihr auf die Welt geholfen, und seit ihre Mutter starb, die arme Kleine war da erst zwei Jahre alt, seither habe ich mich um sie gekümmert. Wenn Sie wüßten, wie dieses Kind mich immer wieder in Erstaunen versetzt hat. Sie ist wirklich eine Naturbegabung.«

Isabel spürt, wie die Männer sie neugierig betrachten, und sie schaut verschämt zu Boden.
»Das Mädchen soll uns weissagen«, sagt einer von ihnen. »Das ist dann bestimmt auch billiger.«
»Im Gegenteil«, sagt Dona Mary bestimmt. »Das kostet doppelt so viel! Außerdem weissagt sie nur dreimal pro Abend, dann reichen ihre Kräfte nicht mehr.«
Die Leute um sie herum verfolgen interessiert, was passiert. Isabel bekommt Angst. Sie sollen nicht auf sie aufmerksam werden!
Aber sie tun es doch. Alle wollen von ihr geweissagt bekommen.
»Stop, meine Herren! Dreimal pro Abend, habe ich gesagt, und sie hat schon zwei Damen aus der Hand gelesen, also kann sie es nur noch einmal. Welchen der Herren suchst du dir aus, mein Kind?«
Isabel würde am liebsten davonlaufen. So weit weg wie möglich. Zurück zur Favela, zu Luiz und dann mit ihm nach São Paulo. Aber sie bleibt. Ihr Blick wandert von einem Mann zum nächsten. Schließlich nimmt sie den, der so eine einfache Hand hatte. Da traut sie sich, der Phantasie freien Lauf zu lassen. Vorsichtig nimmt sie seine Hand. Sie hat den Ehering gesehen.
»Es gibt schon eine Frau in Ihrem Leben«, sagt sie noch einmal. »Und ich glaube, es gibt auch ein Kind. Einen Jungen.«
Sie hat auch die Tüte gesehen, die neben dem Mann steht. Darin ist so ein Plastikflugzeug, wie sie die Verkäufer hier anbieten.

Die anderen nicken zustimmend. Sie hat richtig geraten. Sie fühlt sich gleich viel besser und wird dreister.
»Dann sehe ich noch eine Frau. Sie ist blond und sehr schön.«
Isabel nimmt einen gewissen Zweifel in den Augen des Mannes wahr und besinnt sich anders.
»Nein, verzeihen Sie. Jetzt sehe ich es. Sie ist dunkel. Nicht ganz so dunkel wie ich, aber fast.«
Sie spürt, daß die Hand zu zittern beginnt, und macht dramatisch weiter.
»Ich sehe auch hier ein Kind . . . ein Kind, das unterwegs ist.«
Das letzte hat sie einfach so hinzugefügt, weil er es hier und jetzt nicht nachprüfen kann. Aber plötzlich zieht er ihr die Hand weg. Isabel schaut in sein Gesicht und merkt, daß sie zu weit gegangen ist. Seine Wangen glühen. Um den Tisch herum ist es ganz still geworden. Sie starren sie alle fast erschrocken an. Der Mann, dem sie geweissagt hat, schleudert Geld auf den Tisch und geht ohne ein Wort davon. Isabel weiß nicht, wohin sie schauen soll. Auf jeden Fall nicht in Dona Marys Richtung. Die möchte ja zufriedene Kunden haben.
Da bricht einer der Männer das Schweigen.
»Zum Teufel auch!« sagt er, und in seiner Stimme schwingt Bewunderung mit.
»Ich habe doch gesagt, das Mädchen ist eine Naturbegabung«, wiederholt Dona Mary.
»Und welche wird er nehmen?« fragt der Mann.
Aber da legt Dona Mary ihre Hand auf Isabels Schulter.

»Das reicht für heute«, sagt sie. »Aber wenn noch jemand etwas über die Zukunft erfahren will, stehe ich gern zu Diensten.«
Sie wollen nicht. Und Dona Mary geht weiter zu dem Tisch mit den Frauen. Sie wollen gerne aus der Hand gelesen bekommen. Isabel steht daneben und saugt alles, was Dona Mary sagt, in sich auf. Sie achtet auch darauf, wie sie es vorbringt und wie die Frauen reagieren. Sie paßt auf, wie man es macht. Daß Liebe und Geld viel bedeuten, das weiß sie auch so schon. Aber jetzt lernt sie auch noch etwas anderes. Wenn Dona Mary über etwas spricht, das man nachprüfen kann, dann bewegt sie sich auf der Ebene, wo es wahr sein *kann,* je nachdem, wie man es deutet. Aber wenn sie über Dinge spricht, die eigentlich jedem zustoßen können, dann trägt sie dick auf und würzt tüchtig. Auf diese Weise gelingt es ihr, das Ganze persönlich wirken zu lassen. Und das bewundert Isabel am allermeisten.
Sie weiß jetzt auch, daß sie ein bißchen übertrieben hat, als sie dem jungen Mann aus der Hand las. Daß sie richtig getippt hat, war reines Glück gewesen.
Und das bekommt sie auch zu hören, als sie später am Abend auf dem Heimweg in die Favela sind. Statt sie zu loben, hält Dona Mary ihr eine Standpauke.

18

Als sie zum Haus zurückkommen und die Öllampe und die Kerzen angezündet haben, bemerkt Isabel als erstes, daß die Kissen, auf denen Luiz gelegen hat, leer sind. Sie sehen im Halbdunkel armselig und verlassen aus, wie zerrissene alte Lumpen.

»Das habe ich geahnt«, sagt Dona Mary. »Er ist nicht umsonst Martas Junge. Na ja, er wird auch in São Paulo zurechtkommen.«

Dann schüttelt sie die Kissen auf und läßt sich selbst darauf nieder. Isabel legt sich nicht hin. Sie setzt sich auf ihr Lager aus Decken und zieht die Knie unters Kinn. Luiz hätte ihr wenigstens sagen können, daß er sie nicht dabeihaben will.

»Blas die Kerzen aus, und leg dich schlafen«, hört sie Dona Marys Stimme. »Morgen ist auch noch ein Tag.«

»Er war noch nicht gesund genug«, sagt Isabel.

»Wenn er gesund genug war aufzustehen, dann war er es schon.«

Isabel schläft in dieser Nacht sehr unruhig, und als Dona Mary sich am nächsten Morgen fertigmacht, um Kräuter sammeln zu gehen, weigert sich Isabel mitzukommen.

»Ich möchte hier sein, falls er zurückkommen will«, sagt sie. »Die Wunde ist vielleicht wieder aufgegangen. Es kann sein, daß er Hilfe braucht.«

Dona Mary widerspricht nicht. Sie läßt Isabel allein mit ihren Gedanken. Und Isabel denkt nach. Eigentlich mag sie

Dona Mary immer lieber. Sie gibt ihr Essen und ein Dach über dem Kopf, und sie verlangt nichts Unmögliches von ihr. Sie ist nett, auch wenn sie manchmal schimpft. Hat sie es schon jemals so gut gehabt? Trotzdem weiß sie, wenn Luiz zurückkommt und sie fragt, ob sie mit ihm nach São Paulo gehen will, dann sagt sie ja.
Aber es kommt kein Luiz. Dona Mary geht an diesem Abend allein zur Cinelandia . . . Sie kommt wieder zurück und legt sich auf die Kissen, ohne Fragen zu stellen.

Es ist mitten in der Nacht. Isabel wacht auf, weil jemand ihre Schulter berührt. Ohne ein Wort zu verlieren, folgt sie Luiz aus dem Haus.
»Ich habe meinen Kumpel gefunden«, sagte er. »Heute nacht geht es los.«
»Ich komme mit. Ich habe darüber nachgedacht und mich entschieden!«
»Manuel, mein Kumpel, und ich haben auch darüber gesprochen, und wir sind uns einig, daß es besser ist, wenn du hierbleibst. Dona Mary ist gut . . . und ich weiß dann auch, wo meine Schwester ist, wenn ich zurückkomme.«
»Kommst du wieder zurück?«
»Selbstverständlich. Ich fahre nur mal hin und checke die Lage.«
Isabel sieht, daß ein Stück weiter weg ein Junge wartet. Er scheint älter als Luiz zu sein. Schließlich gehen die beiden, ohne sich umzudrehen, den Berg hinunter.
Sie bleibt noch einen Moment stehen und schleicht sich dann wieder ins Haus.

»Er war also gescheit genug, dich zum Bleiben zu überreden«, bemerkt Dona Mary.
»Ich habe ja wohl auch noch was dazu zu sagen«, zischt Isabel.
»Und ob. Aber mach dir keine Sorgen, er kommt wieder.«

Ungefähr einen Monat später, als Isabel zur Copacabana hinuntergeht, weil sie sich danach sehnt, mal wieder im Meer zu schwimmen, trifft sie Sandra. Sie ist immer noch so schick.
»Ich werde beim Karneval mitmachen«, sagt sie, und ihre Augen strahlen Isabel an. »Ich werde auf dem Sambódromo* tanzen. Ich gehe jetzt in eine Sambaschule.«
»Aber da brauchst du doch ein Karnevalskostüm«, sagt Isabel. »Das kostet ein Vermögen.«
»Mein Typ bezahlt es.«
Isabel schaut ihre Schwester neugierig an.
»Ist es immer noch derselbe?«
»Ja«, sagt Sandra stolz. »Er hatte zwischendurch eine andere, aber das hat er schnell bereut und ist zu mir zurückgekommen. Komm, ich lade dich zu einer Pizza ein! Ich habe Luiz vor ungefähr einem Monat getroffen. Er sagte, daß du jetzt bei Dona Mary wohnst. Ist sie gut zu dir?«
Isabel erzählt, wie es ihr geht und was sie alles gelernt hat.
»Du kannst jetzt also auch weissagen!« ruft Sandra aus. »Lies mir aus der Hand!«
»Pah«, sagt Isabel verlegen. »Ich lüge doch meistens. Ich

* Sambódromo = Tanzplatz der Sambaschulen

sage Sachen, die die Leute hören wollen. Da bezahlen sie am meisten.«
»Hat Dona Mary dir nicht beigebracht, richtig aus der Hand zu lesen? Ich habe gehört, sie soll sehr gut sein.«
»Ein bißchen schon. Aber ich bin nicht so gut wie sie.«
»Lies mir aus der Hand«, wiederholt Sandra hartnäckig und streckt die Hand aus. Aber ich will die Wahrheit hören. Einzig und allein die Wahrheit.«
Isabel nimmt die Hand ihrer Schwester und schaut auf das Linienspiel, das sie zu deuten gelernt hat. Sie erstarrt und wird plötzlich innerlich eiskalt. Sie schließt die Augen und will sich einreden, daß sie es nicht mehr richtig weiß. Sie versucht, sich genau daran zu erinnern, was Dona Mary sie gelehrt hat.
»Was ist mit dir?« fragt Sandra. »Sieht es schlecht aus?«
»Nein«, lügt Isabel. »Ich muß mich konzentrieren.«
Dann schaut sie wieder in die Hand. Jetzt ist sie bereit. Sie tut so, als habe sie eine fremde Frau vor sich und macht es wie immer . . . sagt das, wovon sie glaubt, daß Sandra es hören will.
»Dein Typ liebt dich, und du wirst heiraten. Aber es ist nicht sicher, daß er es sein wird. Ich sehe noch einen, der dich liebt. Er ist sehr reich. Egal, wen du nimmst, du wirst vier Kinder bekommen. Drei Buben und ein Mädchen.«
»Keinerlei Sorgen?« fragt Sandra mißtrauisch.
»Nein«, sagt Isabel. »Die hast du schon hinter dir. Auf jeden Fall sehe ich das so.«
Sandra zuckt mit den Schultern.
»Ich weiß nicht, ob ich dir glauben soll. Ich weiß nicht mal,

ob ich überhaupt an so etwas glaube. Ich muß jetzt los zur Sambaschule. Du kannst mal mitkommen, wenn du willst.«
Isabels Gesicht erhellt sich. Gerne möchte sie mitkommen.
»Gut, abgemacht. Ich weiß, wo Dona Mary wohnt. Ich hole dich ab.«
Sandra tanzt beinahe davon.
Sie ist glücklich, denkt Isabel. Schön und glücklich. Und sie hat schon recht, man sollte das mit den Weissagungen nicht allzu ernst nehmen.
Andererseits fällt es nicht gerade leicht, nicht daran zu glauben, wenn man mit Dona Mary unter einem Dach wohnt und ihr zuhört, wenn sie im Schein des Feuers in die Zukunft der Menschen schaut und wenn sie immer wieder hören muß, daß das, was sie gesagt oder wovor sie gewarnt hat, genau so eingetroffen ist.
Alle Sambaschulen haben jetzt jede Woche Proben, und an einem Samstagabend kommt Sandra, um Isabel abzuholen.
»Du bist also Sandra«, stellt Dona Mary fest.
Sandra nickt scheu. Auch sie hat Respekt vor der großen schwarzen Frau.
»Ich bin so dankbar, daß Isabel hier wohnen und arbeiten kann«, sagt sie. »Ich habe mir solche Sorgen gemacht, als sie noch auf der Straße lebte.«
»Das hast du überhaupt nicht«, sagt Dona Mary barsch. »Außerdem hattest du wohl deine eigene Hölle, um die du dich kümmern mußtest.«
Isabel geht mit Sandra, und es wird ein Abend, den sie nie

wieder vergißt. Der Raum, in den sie kommen, ist so groß wie eine Fabriklagerhalle. An beiden Enden stehen Tische und Stühle, wo man sitzen und Bier und Limonade trinken kann. An der einen Längsseite ist eine Bühne aufgebaut. Hier lösen die verschiedenen Sambaorchester einander ab. Überall in der Halle, zwischen den Tischen und vor der Bühne wird Samba getanzt. Isabel und Sandra werden schnell von den aufreizenden Rhythmen mitgerissen und tanzen wie noch nie im Leben.

»Wann bekommst du dein Kostüm?« fragt Isabel, als sie eine Pause machen und sich eine Guaraná teilen.

»Bald«, sagt Sandra. »Ich muß es natürlich selbst nähen. Aber mein Typ bezahlt den Stoff. Das Problem ist, daß ich immer noch nicht weiß, an welcher Stelle im Zug ich tanzen werde. Ob ich eine Blume oder ein Vogel sein soll, oder ob ich auf einem der großen Wagen tanzen soll.«

Als Isabel wieder zur Hütte in der Favela zurückkommt, ist es schon Nacht. Sie hört, wie Dona Mary sich auf ihren Kissen umdreht, und schleicht sich so leise wie möglich zu ihrem Karton-Decken-Lager. Sie ist gerade am Einschlafen, als sie Dona Marys Stimme im Dunkel hört.

»Wie war es?«

»Ganz wunderbar«, antwortet Isabel. »Sandra soll am großen Karnevalszug teilnehmen. Ihr Typ bezahlt das Kostüm.«

»Irgend etwas an deiner Schwester beunruhigt mich«, murmelt Dona Mary. »Ich weiß nicht genau, was. Und ich kann mich ja auch täuschen.«

Isabel spürt, wie die Angst sie trifft wie ein Knock-out-Schlag, und sie erzählt, was sie in Sandras Hand gesehen hat.
»Wir müssen ein Auge auf sie haben«, sagt Dona Mary. »Mehr können wir nicht tun.«

Als Isabel Sandra das nächste Mal trifft, ist die Schwester nicht mehr so glücklich.
»Er will das Kostüm nicht bezahlen«, sagt sie. »Er findet, daß es zu teuer ist. Und das schlimmste ist, daß sofort so eine Touristenhure da war, die meinen Platz bezahlt hat. Kannst du dir das vorstellen, da kommen Weiber aus Europa und Nordamerika und bezahlen Unmengen von Dollars, nur um dabeisein zu dürfen und auf dem Sambódromo zu tanzen. Und die Schulen brauchen ja Geld, also ist es egal, ob die Touris Samba tanzen können oder nicht.«
»Und wie steht es sonst mit deinem Typ?«
»Er hat wieder eine Neue. Aber mit der wird er nicht viel verdienen. Sie ist viel zu unerfahren für die Kerle, die sich in seinen Kreisen bewegen. Die wollen nicht die normale Nummer. Zumindest nicht für die Preise, die er verlangt. Aber ist auch egal, ich hatte ihn sowieso über. Ich kann wieder nach São Paulo abzischen.«
»Ich habe gedacht, du bräuchtest für ihn nicht auf den Strich gehen. Ich habe gedacht, es wäre Liebe.«
»Mädchen wie du und ich können sich das mit der Liebe nicht leisten«, sagt Sandra hart. »Begreif das endlich, ein für allemal.«

Bestimmt war es das, was Isabel in Sandras Hand gesehen hatte. Daß ihr Glück bald zu Ende sein würde. Zumindest redet sie sich das auf dem Weg zur Favela hinauf ein.

19

Der Karneval hat begonnen. Alle Bewohner von Rio, die es sich leisten können, fliehen aus der Stadt, und große Scharen von Touristen strömen herein. Ein Platz auf dem Sambódromo, wo die Schulen tanzen, ist für normale Menschen sowieso unerschwinglich.

»So arme Teufel wie du und ich brauchen mindestens zehn Leben, um auch nur das Geld für ein Billett zusammenzubekommen«, sagt Dona Mary und nimmt Isabel zur Cinelandia und Avenida Rio Branco mit. Hier ist auch Karneval, und hier kann jeder tanzen, wo es ihm Spaß macht, denn hier spielen überall Sambabands. Und es kostet keinen Centavo. Außerdem kommen viele Tänzer der Schulen hierher.

Daß das nicht die richtigen Tage fürs Weissagen sind, sieht sogar Dona Mary ein. Hier gibt es einfach zuviel zu sehen und zu hören. Dona Mary hat jedoch festgestellt, daß Isabel eine ganz hervorragende Sambatänzerin ist. Und sie hat ihr aus alten Stoffresten, die sie in der Favela zusammengebettelt hat, ein neues Kleid genäht. Natürlich kein richtiges Karnevalskostüm, aber immerhin.

Sie suchen sich eine Sambaband mit wunderbarem Drive,

und wenn genug Leute zum Zuhören stehengeblieben sind, tanzt Isabel. Danach geht Dona Mary herum und sammelt in der aufgehaltenen Schürze die Münzen und Scheine der begeisterten Touristen ein.
Aber sogar Isabel kann vom Tanzen genug bekommen, vor allem bei dieser Hitze. Dona Mary setzt sich zu ein paar Bekannten und trinkt Cachaça.
Isabel schlendert die Rio Branco entlang und schaut sich das Menschengewimmel an. Hier gibt es Kinder, die erst ein paar Jahre alt sind, aber du liebe Zeit, was für schöne Karnevalskostüme die anhaben! Ab und zu bleibt Isabel stehen und hört einer guten Band zu, geht aber dann schnell weiter. Die ganze Zeit auf der Suche nach etwas Neuem. Hier gibt es so viel zu sehen. Ihre Neugier ist groß.
Es wird dunkel, und das Fest geht weiter. In einer Gasse spielt eine besonders gute Band. Und fast automatisch fängt Isabel wieder an zu tanzen. Mitgerissen von dem Rhythmus bewegt sich ihr kleiner, magerer Körper, völlig eins mit der Musik. Sie merkt, daß die Männer in der Band ihr bewundernd zunicken, und sie lacht glücklich zurück. Allerdings sieht sie nicht, daß eine Frau sie die ganze Zeit fotografiert.
Immer mehr Leute sammeln sich an der Ecke der Gasse. Als das Stück zu Ende ist, bekommen sowohl die Band als auch Isabel donnernden Applaus. Sie bückt sich, um die Münzen aufzusammeln, die um sie herum auf die Pflastersteine prasseln. Aber sie erwischt nicht sehr viele, die Jungen aus der Band sind schneller.

Sie spürt eine Hand auf der Schulter und fährt zusammen. Es ist die Frau mit der Kamera.
»Ich würde gerne mit dir reden«, sagt sie auf portugiesisch, obwohl sie aussieht wie eine typische Touristin.
Gleichzeitig sieht Isabel, daß zwei Polizisten näher kommen. Sie ist überzeugt davon, daß die sie schnappen wollen, und läuft direkt in die Menschenmenge in Richtung Rio Branco. Wenn sie erst mal die große Straße erreicht hat, kriegen die sie nie. Hier sind viel zu viele Menschen. Außerdem wartet Dona Mary bestimmt schon auf sie.
Aber wenn sie rennt, muß sie aufpassen, daß sie nicht in jemanden hineinläuft. Deshalb sieht sie nicht auf den Boden, und plötzlich ist sie mit dem rechten Bein in einen Abwasserkanal getreten. Schmerz durchzuckt sie, und sie brüllt laut auf. Da packt ein Mann sie beim Arm und hält sie fest, sonst würde sie noch weiter hineinfallen. Die Kanalöffnung ist ungefähr einen halben Meter lang und dreißig Zentimeter breit. Isabel kennt diese Kanalöffnungen sehr gut, und sie weiß auch, warum oft keine Schutzgitter mehr darauf sind. Sie selbst hat zusammen mit Luiz so ein Gitter weggenommen. Sie haben es verkauft und bekamen soviel Geld, daß es für ein paar Tage reichte.
Sie versucht weiterzulaufen, aber es tut so weh, daß sie stehenbleiben muß. Sie sieht jetzt auch, daß sie eine mindestens zehn Zentimeter lange Schnittwunde unter dem Knie hat. Das Blut strömt stoßweise heraus.
»Dona Mary«, ruft sie erschrocken. »Ich muß sofort zu Dona Mary.«

»Du mußt ins Krankenhaus. Die Wunde muß gereinigt und dann genäht werden«, sagt jemand hinter ihr.
Es ist die Frau mit der Kamera. Neben ihr stehen die Polizisten. Isabel kann nur abwarten, was jetzt geschehen wird.
»Du mußt in ein Krankenhaus!« sagt die Frau nachdrücklich.
Was für ein Krankenhaus denn? Isabel weiß nicht einmal, wo ein Krankenhaus ist. Wenn sie nur bis zu Dona Mary kommt, kriegt sie die Hilfe, die sie braucht.
»Ich muß zu meiner Mama«, sagt sie deshalb bestimmt.
»Die Wunde kann sich infizieren«, fährt die Frau fort. »Sie müssen ihr doch helfen können!«
Das letzte sagt sie zu den beiden Polizisten.
»Das ist doch bloß ein Straßenkind«, grinst der eine.
»Lassen Sie sie zu ihrer Mama gehen, wenn sie überhaupt eine hat.«
Die Frau schaut ihn voller Verachtung an. Als er keine Anstalten macht, holt sie ein Papier aus der Tasche und hält es ihm unter die Nase.
»Ich bin Journalistin und schreibe für eine Zeitung in Europa«, sagt sie drohend. »Wenn Sie nicht augenblicklich dafür sorgen, daß dieses Mädchen Hilfe bekommt, wird Ihnen die Geschichte, die ich über die Polizei in Rio schreiben werde, nicht sehr angenehm sein.«
Gott bewahre, denkt Isabel und kriegt jetzt richtig Angst. Danach werden die sie nie wieder laufenlassen.
Aber sie hat Glück. Eine ganze Menge von Neugierigen hat sich versammelt. Den Polizisten scheint das peinlich zu sein.

»Hier in der Nähe steht ein Krankenwagen«, sagt der eine.
»Gut«, sagt die Frau. »Führen Sie uns hin!«
Teilweise humpelt Isabel zum Krankenwagen, teils muß sie getragen werden. Ein Notarzt untersucht ihr Bein und gibt dem Fahrer den Befehl, zum Krankenhaus zu fahren. Ein Sanitäter und die Journalistin fahren mit. Die Sirene heult laut. Da muß Isabel lachen.
»Es tutet!« jubelt sie. »Es tutet, weil ich ins Krankenhaus gefahren werde. Jesus!«
Der Sanitäter und die Frau halten sie fest. Der Krankenwagen fährt schnell, und die Bordsteinkanten sind manchmal einen halben Meter hoch. Da der Wagen in einer Gasse geparkt war, müssen sie einige Bordsteinkanten hinauf- und hinunterfahren, bevor sie auf eine richtige Straße kommen. Isabel rutscht hin und her, lacht laut, während das Blut nur so spritzt.
Als sie endlich da sind, kommt der Sanitäter mit hinein und sagt etwas zu einer Frau hinter einer Glasscheibe. Sofort kommt eine Schwester und schaut Isabels Bein an. Die Journalistin spricht mit ihr, aber Isabel hört nicht zu. Sie hat genug damit zu tun, alles aufzunehmen, was um sie herum geschieht. Sie war schließlich noch nie in einem Krankenhaus.
Bald geht es weiter, einige Treppen hinauf und in einen Raum, wo sie sich auf eine Aluminiumpritsche legen muß. Ein junges Mädchen macht die Wunde mit Jod sauber.
»Es tut gar nicht weh«, sagt Isabel.
»Ja, weil die Nervenfäden durchgeschnitten sind«, erklärt ihr das Mädchen.

»Was für Fäden?« fragt Isabel, bekommt aber keine Antwort.
Als sie genäht werden soll, will sie zuschauen, aber als sie unter dem aufgeschnittenen Fleisch den blanken Knochen sieht, wird ihr übel.
»Leg dich hin«, sagt das Mädchen, das in Ruhe nähen möchte, und Isabel folgt gerne.
Sie legt sich hin und starrt die Decke mit der nackten Glühbirne an.
Wenn Luiz mich jetzt sehen könnte, denkt sie, und überlegt, ob er wohl schon einmal in einem Krankenhaus war. Wahrscheinlich nicht. Aber dann ärgert sie sich über die Frau, die dauernd fotografiert. Warum macht sie das bloß? Was will sie denn? Wenn sie Fotos haben will, sollte sie besser draußen auf der Rio Branco sein. Was wird sie von ihr verlangen? Sie hilft ihr doch nicht aus lauter Vergnügen! Reicht es nicht mit den Fotos, oder hat sie noch etwas anderes im Sinn?
Als die Wunde genäht ist, kommt ein Arzt, um sich das Ganze anzuschauen. Er nickt zufrieden, und die Frau fotografiert auch ihn, wie er dasteht und Isabels Bein anguckt.
»Vierzehn Stiche«, sagt er. »Es sieht gut aus.«
Dann sagt er, sie solle in einen anderen Raum gehen, wo sie eine Spritze bekommen soll.
»Das ist nicht nötig«, sagt Isabel. »Es geht mir gut, ich muß nach Hause zu meiner Mama. Sie macht sich bestimmt schon Sorgen.«
Aber es nützt nichts, die Frau führt sie in den Raum, und

erst nach der Spritze können sie das Krankenhaus verlassen. Als die Frau versucht, ein Taxi anzuhalten, witscht Isabel davon. Aber so wie sie humpeln muß, kommt sie nicht sehr weit.
»Du darfst das Bein jetzt nicht so belasten«, sagt die Frau. »Die Wunde kann wieder aufgehen. Sag mir, wo du wohnst, dann fahren wir dorthin.«
»Meine Mama wartet unten bei der Cinelandia«, sagt Isabel.
Je näher sie kommen, desto schwieriger wird es für den Taxifahrer, im Karnelvalsgewimmel vorwärts zu kommen. Er flucht ununterbrochen und scheint froh zu sein, sie loszuwerden. Natürlich ist Dona Mary nicht mehr da.
»Sie ist nach Hause«, sagt eine ältere schwarze Frau. »Sie hat auf dich gewartet, aber dann ist sie gegangen. Sie sagte, du würdest schon alleine nach Hause finden.«
Noch eine Taxifahrt. Isabel erklärt dem Fahrer, in welcher Favela sie wohnt, und bittet ihn, unten an der Straße, die zur Siedlung führt, zu halten.
Aber die Frau ist dickköpfiger als ein Esel. Isabel muß also das Taxi zwischen den Hütten und Bretterbuden hinaufdirigieren bis zu Dona Marys Haus.
Dona Mary steht in der Tür und starrt sie an, als ob sie vom Mond käme.
»Mama!« ruft Isabel und läuft zu ihr.
»Seit wann bin ich deine Mama!« faucht Dona Mary ärgerlich, und Isabel merkt, daß sie nach Cachaça riecht.
»Vielleicht seit ich sie getroffen habe«, sagt die Frau und hebt die Kamera.

Dona Mary geht direkt auf sie zu und reißt ihr die Kamera aus der Hand.
»Hier wird nicht fotografiert«, sagt sie.
»Aber ich habe doch Isabel ins Krankenhaus gebracht. Sie mußte genäht werden.«
»Hat sie vielleicht darum gebeten?«
»Nein, aber sie hat sich an einer Kanalöffnung das Bein aufgerissen. Sie mußte mit vierzehn Stichen genäht werden.«
»Wenn Sie Dank wollen, sage ich hiermit danke«, schimpft Dona Mary. »Und jetzt sehen Sie zu, daß Sie verschwinden.«
»Ich komme aus Europa«, sagt die Frau starrköpfig. »Ich bin Journalistin und werde einen Artikel schreiben, wie ungerecht arme Menschen hier behandelt werden. Ich wollte . . .«
»Meinen Sie, daß Sie das ändern können?« schnaubt Dona Mary. »Verschwinden Sie jetzt, sonst werde ich wütend.«
Endlich dreht sich die Frau um. Das Taxi ist schon weggefahren, sie muß also zu Fuß zurückgehen. Dona Mary ruft etwas, und ein Mann tritt aus dem Dunkel.
»Sieh zu, daß die Dame hier wieder heil herauskommt«, sagt sie.
Als sie endlich im Haus sind, kann Isabel nicht mehr an sich halten. Sie plappert von Kanalöffnungen, Blut, Knochen und Sirenen, vom Krankenhaus und vierzehn Stichen und Spritzen, und alles wild durcheinander, von einem feinen Doktor in einem weißen Kittel, genau so einen hat sie in den Fernsehserien im Kinderheim gesehen.

»Halt jetzt die Klappe, leg dich hin und sei froh, daß du noch lebst, obwohl die Touristentussi sich eingemischt hat«, sagt Dona Mary scharf.
»Willst du nicht wenigstens die Stiche sehen?« flüstert Isabel enttäuscht, als sie im Dunkeln unter ihrer Decke liegt.
»Wenn sie ordentlich genäht sind, werden sie bis morgen schon nicht davongelaufen sein.«
Isabel schweigt. Sie hat so viel erlebt. Sie möchte es erzählen.
»Schlaf jetzt«, kommt es nach einer Weile von Dona Marys Kissen. »Ich schau' mir die Bescherung morgen an. Es ist bestimmt ordentlich gemacht worden. Die sind ja nicht dumm im Krankenhaus. Aber komm bloß nicht wieder mit solchen Weibern mit einer Kamera um den Hals angelaufen.«
»Ich konnte sie nicht davon abhalten«, sagt Isabel. »Sie war dickköpfig wie der Teufel.«
Schließlich schläft sie vor Erschöpfung ein.

Als sie am nächsten Morgen aufwacht, wundert sie sich zuerst, was so komisch in ihrem Bein zieht. Dann fällt ihr alles wieder ein, und sie schaut sich um. Dona Mary ist nicht da, und draußen ist es schon hell. Sie ist wohl schon aufgestanden und sammelt heute alleine ihre Kräuter.
Isabel macht neugierig den weißen Verband über der Wunde ab. Nur die oberste Schicht ist weiß. Der Rest ist von Blut und Eiter durchtränkt . Sie macht alles ab und schreit auf. Nicht nur, daß die schwarzen Stiche widerlich ausse-

hen, der Eiter fließt nur so heraus, wenn sie drückt. Und drum herum ist alles dunkel und geschwollen. Sie bekommt Angst, und hüpft auf einem Bein zur Wellblechtür, reißt sie auf und brüllt nach Dona Mary.
»Was schreist du denn so?« fragt die Nachbarin ärgerlich. »Sie ist bestimmt oben auf dem Berg, wie immer. Warum bist du nicht bei ihr?«
»Ich habe mir gestern das Bein verletzt.«
»Geh rein und leg dich hin. Sie kommt sicher bald. Hör bloß auf zu schreien, mein Alter war heute nacht voll, und wenn du ihn weckst, ist der Teufel los, das weißt du doch.«
Isabel hüpft wieder nach drinnen und setzt sich auf die Decken. Sie kann es nicht lassen, auf die Wunde zu drücken. Es kommt immer wieder gelber Eiter heraus.
»Was ist, wenn ich nie mehr laufen kann?« sagt sie zu sich selber. Da will Luiz bestimmt nichts mehr mit mir zu tun haben, wenn er zurückkommt.
Plötzlich klopft es an die Tür. Wer kann das sein? Niemand klopft hier so an. Entweder rufen die Leute nach Dona Mary und warten, bis sie herauskommt, oder sie sind ganz draufgängerisch. Dann klopfen sie und machen gleichzeitig die Tür auf. Aber klopfen, schweigen und warten, daß jemand öffnet ... das macht niemand.
Es klopft wieder, und Isabel denkt an den Nachbarn, der alles kurz und klein schlägt, wenn er aufgeweckt wird, bevor er seinen Rausch ausgeschlafen hat.
»Wer ist da?« fragt sie.
»Ich bin's bloß. Ich war gestern mit dir im Krankenhaus.«

Isabel stöhnt ärgerlich auf. Nicht die schon wieder. Wenn Dona Mary jetzt kommt, dann sagt sie bestimmt zu der Frau, sie soll Isabel mitnehmen und sich zum Teufel scheren.
»Verschwinden Sie!« ruft sie.
»Ich will dir bloß die Tabletten geben, die der Doktor dir verschrieben hat. Du mußt sie nehmen, damit die Wunde sich nicht entzündet.«
»Ich habe nichts von irgendwelchen Tabletten gehört. Verschwinden Sie!«
Wenn ich aufmache und sie mir die Tabletten geben kann, geht sie vielleicht, denkt Isabel und humpelt zur Tür.
Als die Frau die Wunde sieht, ruft sie aus:
»Aber liebes Kind, das ist ja schon ganz entzündet! Du mußt sofort die Tabletten nehmen.«
»Hier werden keine Tabletten genommen« sagt eine Stimme hinter ihr. »Können sie die Kleine nicht in Ruhe lassen?«
Dona Marys Augen funkeln vor Wut. Die Frau legt die Tüte auf den Boden und geht.
»Du hast recht gehabt«, sagt Dona Mary. »Sie ist dickköpfig wie der Teufel.«
Dann schaut sie Isabels Bein an.
»Und ob es entzündet ist! Der Eiter spritzt ja heraus wie ein Springbrunnen. Aber es ist sehr hübsch gestickt.«
»Bekomme ich jetzt Fieber wie Luiz?«
»Ein bißchen Fieber wirst du schon bekommen, aber nicht wie Luiz. So schlimm ist es nicht.«
»Werde ich wieder laufen können?«

»Na klar wirst du wieder laufen.«
Dona Mary kocht Kräuter.
»Ich habe gestern versucht, ihr zu entwischen, aber es ging nicht. Ich habe gesagt, daß ich zu dir will, aber ich konnte ihr nicht so schnell davonlaufen.«
Dona Mary legt die abgekochten Kräuter auf Isabels Bein, dann muß sie aus dem Blechbecher trinken, genau wie Luiz.
»Warum hat sie mich fotografiert?«
»Sie wird wohl dafür bezahlt. Sie verkauft die Bilder an eine Zeitung und schreibt, wie erbärmlich wir dran sind. Sie meinen es nicht böse, wenn sie fotografieren und schreiben. Sie glauben wohl, daß sie uns helfen können. Aber du mußt dich von denen fernhalten. Wenn die Polizei sieht, daß ein Ausländer uns fotografiert, werden sie ärgerlich, und das kann für dich übel ausgehen.«
»Wie seltsam«, sagt Isabel und schläft ein.

20

Isabels Wunde heilt langsam, aber gut, und als es an der Zeit ist, zieht Dona Mary die Fäden.
Tage und Nächte gleiten ineinander. Die feuchte Hitze nimmt ab. Die Leute ziehen wieder lange Hosen und Kleider an. An den Stränden sind fast keine Bewohner von Rio mehr zu sehen und auch kaum Touristen.
Isabel kann also wieder an der Copacabana laufen, ohne

jemanden zu stören. Sobald sie früh am Morgen mit Dona Mary oben auf dem Berg war, geht sie zum Strand hinunter. Zuerst läuft sie unten am Wasser, wo der Sand naß und fest ist. Dann weiter oben, wo er trocken ist und das Laufen schwer und anstrengend. Aber hier bekommen ihre Muskeln wieder Stärke und Ausdauer, die sie jederzeit brauchen kann.

Obwohl der Strand fast menschenleer ist, ist sie immer auf der Hut. Die Polizisten und die Wachen in den Straßencafés sind nicht weniger geworden, und die Geschichten darüber, was mit den Kindern passiert, die mit Gewalt in die schwarzen Kastenautos ohne Fenster gestoßen werden, sind immer grausamer geworden.

Einige der Mädchen, die verschwunden sind, wurden in Bordellen außerhalb der Stadt gesehen. Andere Jungen und Mädchen sind tot auf Müllkippen oder in den Flüssen gefunden worden. Manche ohne Ohren, Zungen und Augen.

Aber Sidney ist wieder da, mit einem Teil seiner alten Bande. Er und Isabel streiten immer mal miteinander, ohne es wirklich böse zu meinen.

»Du bist also immer noch da, sehe ich. Aber dein Luiz ist noch nicht wieder aufgetaucht.«

»Er ist in São Paulo und lebt wie ein Prinz.«

»Woher zum Teufel willst du das denn wissen? Schreibt ihr euch Briefe?«

Sidney weiß ganz genau, daß weder Isabel noch Luiz lesen oder schreiben können. Und Isabel weiß, daß er es weiß.

»Meine Schwester ist auch dort, und ihre Freundin hat es mir erzählt.«
»Ich glaube, sie haben ihn dort weggeräumt.«
»Luiz räumt man nicht weg.«
»Sie greifen jetzt härter durch. Auch in São Paulo. Es wird immer gefährlicher. Sei froh, daß du Dona Mary hast.«
»Das bin ich auch.«
»Aber benimm dich bloß anständig, sie kann verdammt launisch sein.«
»Das weiß ich.«
»Ehe du dich versiehst, kannst du von ihr einen Tritt in den Hintern bekommen und direkt in den Armen der Todesschwadronen landen.«
»Davor haben sie dir aber schon lange die Zunge aus deinem großen Maul geschnitten.«
Sidney grinst.
»Es ist gut, daß du laufen trainierst«, sagt er noch, ehe er weiterschlendert. »Aber vergiß nicht, egal, wie schnell du laufen kannst, *denen* kannst du niemals davonlaufen, wenn es erst soweit ist.«
Isabel geht wieder in die Favela hinauf. Sie können sie nicht schnappen. Sie ist kein normales Straßenkind mehr. Sie arbeitet, sie hat ein Dach über dem Kopf, und sie hat Dona Mary. Sie wird fragen, ob sie heute noch mehr Kräuter braucht, sie geht gerne noch einmal. Sie kann es gut alleine.

Es ist eine sehr dunkle Nacht im November. Den ganzen Tag hat das Unwetter in der Luft gelegen und alles schwer

und düster gemacht. Die Leute sind schlecht gelaunt, und alle möglichen Wehwehchen schleichen sich ein.
Dona Mary hatte reichlich Arbeit und hat getan, was sie konnte, um zu helfen. Sie hat Kräutertees gekocht, Umschläge gemacht, Salben gerührt und manchmal auch nur geredet und Trost gespendet. Isabel war mehrmals oben auf dem Berg. Sie sind beide völlig erschöpft, als die ersten Blitze in der Ferne durch die Wolken zucken.
»Am besten legen wir uns schlafen, bevor es richtig losgeht«, sagt Dona Mary.
Isabel ist gerade eingeschlafen, als sie von einem fürchterlichen Krach wieder geweckt wird. Jemand schlägt verzweifelt gegen die Tür. Schlägt und rüttelt an der Tür und ruft immer lauter nach Dona Mary und Isabel. Dona Mary schnarcht auf ihren Kissen, aber Isabel erkennt die Stimme ihrer Schwester und ist schon auf den Beinen, um aufzumachen. Im selben Moment, als Sandra in die Hütte stolpert, kommt der erste richtige Donnerknall, und der weckt auch Dona Mary auf. Isabel macht die Öllampe an. Beide starren sie Sandra an, die am ganzen Leib zittert und wie von Krämpfen geschüttelt wird.
»Hilf mir, Dona Mary, bitte hilf mir«, keucht Sandra.
»Es ist meine Schwester«, sagt Isabel mit leiser Stimme.
»Das seh' ich selbst«, faucht Dona Mary und gibt Isabel einen Eimer. »Geh raus und hole Wasser, aber beeil dich, hier gibt es keine Zeit zu verlieren.«
»Aber . . .«, protestiert Isabel. »Sie wird doch nicht . . .«
»Tu, was ich sage!«
Sie läuft den Pfad hinauf zum Brunnen. Sie kann schnell

laufen, ohne zu stolpern, denn es blitzt so heftig, daß es fast taghell ist. Als sie zurückkommt, liegt Sandra auf einem Laken, das Dona Mary über die Kissen gebreitet hat. Sie hat schon die Beine gespreizt, und Dona Mary reißt Isabel den Eimer aus der Hand und schüttet das Wasser in den großen Topf, der auf der Gasflamme bereitsteht.

Isabel wendet ihnen den Rücken zu und wartet schweigend. Vielleicht darf sie dieses Mal dableiben. Sandra ist ja immerhin ihre Schwester, und sie würde so gerne zusehen, wenn ihr Kind geboren wird. Aber bald kommt Dona Marys unerbittliches »Raus!«

Vor dem Haus ist der Himmel ein einziges Meer aus Blitzen. Isabel findet es schön, aber das Knallen des Donners mag sie nicht. Und der wird immer schlimmer.

Plötzlich gellt Sandras Schrei durch das Unwetter. Sie schreit lauter, als Isabel jemals eine Frau bei Dona Mary hat schreien hören. Und sie hat inzwischen viele gehört.

Und wenn Sandra jetzt sterben müßte? Sie erinnert sich daran, was sie in der Hand gesehen hat. Die Gefahr war klar in die Linien eingezeichnet gewesen.

Wenn sie nur hier draußen jemanden gehabt hätte, mit dem sie hätte reden können, das hätte sie vielleicht beruhigt. Aber wer schert sich schon darum, daß bei Dona Mary jemand schreit. Die Nachbarn sind es gewohnt.

Noch so ein Hurenkind, denken sie, wenn sie überhaupt aufwachen, dann drehen sie sich um und schlafen wieder ein.

Nach einer Weile kommt der Regen. Es schüttet wie aus

Kübeln, und Isabel drückt sich instinktiv gegen die Tür. Drinnen ist jetzt alles still. Sie legt das Ohr ans Wellblech und hört ein stilles, hilfloses Weinen und Dona Marys tröstende Stimme.

»Es war trotz allem am besten so. Wie solltest du ein Kind versorgen, so wie du dran bist?«

»Ich weiß nicht«, sagt Sandra. »Ich weiß nur, daß ich es haben wollte.«

»Ja, ja«, seufzt Dona Mary. »Heute nacht bleibst du auf jeden Fall hier. Ich werde dir etwas zu trinken machen, damit du schlafen kannst. Und du, Isabel, du kannst jetzt reinkommen und helfen, anstatt vor der Tür zu lauschen.«

Isabel traut sich nicht einmal, in Sandras Richtung zu schauen.

»Hol den Spaten bei Pedro, und vergrab das hier hinter dem Haus«, sagt Dona Mary und gibt ihr eine Plastiktüte mit etwas Blutigem.

Isabel stellt die Tüte ab und läuft zum alten Pedro. Sie braucht ihn nicht zu wecken, sie weiß, wo der Spaten ist. Es ist nicht das erste totgeborene Kind, das sie vergraben muß. Hinterher schaut sie eine Weile auf den Erdhügel und versucht zu verstehen. Hat Sandra Glück gehabt? Oder ist es ein Jammer, daß der Blutklumpen nicht zu einem warmen, lebendigen kleinen Kind werden konnte? Sie findet in sich keine Antwort und kommt zu dem Schluß: Das wichtigste ist, daß Sandra lebt.

Aber es dauert noch ein paar Tage, bevor Dona Mary Sandra gehen läßt. Da sieht sie dann trotz allem schon

wieder ganz munter aus, obwohl sie so mager wie ein Skelett ist.
»Jetzt geht's nach São Paulo«, sagt sie, als sie aufbricht.
»Das hast du schon letztes Mal gesagt«, sagt Isabel. »Ich dachte, du wärst schon dort.«
»Ich habe Arbeit in einem Bordell vor der Stadt bekommen und sie genommen. Aber es war Scheiße, jetzt hau' ich ab.«
»Grüße Luiz, wenn du ihn siehst.«
»Selbstverständlich.«
Sandras schiefe Absätze klappern hoffnungsvoll den Pfad der Favela hinunter.

21

An diesem Silvesterabend hilft Isabel Dona Mary, als sie an der Copacabana sitzt und böse Geister austreibt.
Sie hat ganz genau gesagt bekommen, was sie tun soll. Erstens muß sie darauf achten, daß immer Kerzen um das Christusbild brennen. Dann muß sie die Grube im Sand im Auge behalten, wo die Leute das Geld hineinlegen. Alle, die Dona Mary kennen, legen selbstverständlich einen Schein hinein, bevor sie weggehen. Aber es kommt auch vor, daß neugierige Touristen sich in die Schlange verirren und so tun, als sähen sie die Grube mit dem Geld nicht. Da muß Isabel dann zur Stelle sein, so diskret wie möglich, mit ihrer kleinen Hand und ihren großen anklagenden Augen.

Und dann muß sie natürlich dafür sorgen, daß Dona Mary immer Tabak für die Pfeife hat und so viel Cachaça, wie sie haben will.
Dona Mary ist sehr beliebt, und heute abend ist sie in Topform und verteilt großzügig gute Ratschläge für das neue Jahr. Vor allem an die, die sie gut kennt, aber auch an Fremde.
Isabel ist nicht ängstlich, sich dort unten aufzuhalten, solange Dona Mary in der Nähe ist. Sollte irgend etwas sein, kann sie immer auf Dona Mary zeigen und sagen: »Meine Mama sitzt da drüben.« Daß die nicht Mama genannt werden will, ist ihr egal. Da wird eine Weile gestritten, dann ist es vorbei. Isabel hat ein flinkes Mundwerk. Sich nicht einmal mit Worten verteidigen zu können ist tödlich für Kinder wie Isabel, Luiz und Sidney.
Isabel verliert den Überblick, wieviel Cachaça Dona Mary in dieser Nacht trinkt. Es gibt ja auch Leute am Strand, die sie einladen. Aber als sie ihr auf dem Heimweg in die Favela anbietet, sie zu stützen, lehnt Dona Mary barsch ab. Würdevoll, mit hocherhobenem Kopf geht sie nach verrichteter Arbeit nach Hause. Da sind schon fünf Stunden des neuen Jahres vergangen.

Aber das neue Jahr geht nicht so gut weiter, wie es angefangen hat. Ein Fluch hat Dona Mary ereilt. Niemand möchte die Zukunft geweissagt bekommen. In den Straßencafés werden sie resolut fortgescheucht. Und als ob das nicht schon schlimm genug wäre, werden nur ganz wenige Leute so krank, daß sie Dona Marys Hilfe brauchen.

»Das verdammte schöne Wetter«, jammert sie. »Die Luft ist in letzter Zeit viel zu trocken gewesen. Das ist gut für die Gesundheit, aber schlecht für die Kasse. Wenn nur bald der Regen kommt!«

Der Bauch will gefüllt werden, egal, wie das Wetter ist. Sie leben von Kräutertees und altem Brot, das sie zusammenbetteln. Manchmal zwingt sich Isabel dazu, wieder eine Runde mit der Plastiktüte zu machen.

Bei einer dieser Runden durch die Cafés kommt ihr eine Idee. Sie sieht ein schwarzes Mädchen, das nur zwei Stümpfe anstelle von Beinen hat. Das Mädchen sitzt in einem selbstgebastelten Rollstuhl, den eine Frau zwischen den Tischen hindurchschiebt. Und, Jesus, es regnet ja geradezu Geld! Die Touristen legen Scheine in den nichtvorhandenen Schoß, und Isabel wird fast neidisch. Es sind nämlich keine kleinen Scheine!

Sie starrt auf den Haufen mit Geld, und dann hat sie eine Idee.

»Dona Mary! Dona Mary!« ruft sie, als sie keuchend durch die Tür kommt.

Dona Mary liegt apathisch auf ihren Kissen. Das macht sie schon seit einer ganzen Weile. Was soll sie denn sonst tun, sagt sie, wenn Isabel sie fragt, ob sie krank sei. Die große, respekteinflößende Frau ist bald nur noch ein Schatten ihrer selbst. Aber Isabel will das ändern.

»Ich habe eine Idee«, sagt sie und erzählt, was sie gerade gesehen und was sie sich ausgedacht hat.

Dona Mary hört zu und nickt hin und wieder. Dann wird es still. Es ist, als ob sie gerade eine unbekannte Frucht gekostet hätte und noch nicht sicher wüßte, ob sie ihr schmeckt oder nicht. Aber schließlich richtet sie sich auf, und in ihrer Stimme ist neue Kraft: »Ja, lieber das, als hier liegen und verhungern. Aber wir müssen an Orte gehen, wo uns niemand kennt.«

»Selbstverständlich!« sagt Isabel.

Schon am selben Abend fangen sie mit den Vorbereitungen an. Dona Mary besitzt zwei Kleider, ein altes, kaputtes und eins, das ein bißchen besser aussieht. Sie zieht das alte an. Isabel hat auch zwei Kleider. Eines, das sie anzieht, wenn sie aus der Hand liest, und eines, wenn sie bettelt oder Kräuter sammelt. Auch sie zieht das schlechtere an.

Bevor sie losgehen, wird Dona Mary plötzlich nervös.

»Nein, zum Teufel auch, ich kann mich nicht so lächerlich machen!« sagt sie. »Der Magen knurrt zwar, aber unten am Strand entlangzulaufen und den Affen zu spielen . . . nein, das kann ich nicht. Ich werde mich völlig danebenbenehmen, und wir landen alle beide bei der Polizei.«

»Ganz bestimmt nicht«, beruhigt sie Isabel. »Und wir machen das auch nur so lange, bis es wieder regnet und die Leute krank werden. Wir müssen zu essen haben, wie sollen wir sonst arbeiten können, wenn es soweit ist?«

Dann nimmt sie Dona Mary an der Hand, und sie machen sich auf den Weg zu den beiden Stränden südlich der Copacabana . . . Ipanema und Leblon. Hier haben sie noch nie aus der Hand gelesen, und auch Isabel ist hier noch nicht so oft gewesen. Dennoch trauen sie sich am Anfang

nicht gleich hinunter zu den Cafés am Strand. Sie versuchen es zuerst in den angrenzenden Vierteln.
Dona Mary hat eine Sonnenbrille auf, die Isabel einmal einer Touristin gestohlen hat, die so unvorsichtig war, sie auf dem Badetuch liegenzulassen, als sie schwimmen ging.
Sie führt Dona Mary vorsichtig zwischen den Restauranttischen hindurch. Ab und zu bleibt sie stehen und sagt mit gedämpfter, aber klarer Stimme: »Meine Mutter ist blind und kann nicht arbeiten, wir haben nicht genug zu essen. Können Sie uns ein bißchen Geld oder Essensreste oder ein wenig Brot geben?«
Es geht überhaupt nicht gut. Sie bekommen etwas Brot und Essensreste, aber kein Geld. Außerdem werden sie an mehreren Orten fortgescheucht.
Dona Mary sagt, daß sie sich albern vorkommt und wieder nach Hause will. Aber es gelingt Isabel, sie zu überreden, wenigstens einen Versuch unten an der Strandpromenade zu machen.
Und hier läuft es besser. Sie bekommen ein bißchen Geld und sind entschlossen, noch eine Weile weiterzumachen, als sie Barbara treffen, eine Hure, der Dona Mary auf die Welt geholfen hat.
»Dona Mary!« ruft Barbara aus und kommt auf sie zugelaufen, genau in dem Augenblick, als Isabel den größten Schein des Abends in die Tasche steckt.
»Bist du blind geworden! Wie schrecklich! Wann ist das denn passiert? Ich habe dich doch am Silvesterabend noch gesehen, und da war alles wie immer.«

Dona Mary erstarrt. Genau wie die Touristen, die den großen Schein gegeben haben. Alle beobachten die Szene neugierig und abwartend.
»Ach, mein Kind«, sagt Dona Mary. »So etwas passiert schneller, als man denkt. Ich bin ins Krankenhaus gekommen, weil ich Augenwürmer hatte, und kam zwar ohne Würmer wieder heraus, aber auch ohne Augen.«
Isabel starrt sie verblüfft an. Da hat sie ganz schön dick aufgetragen. Sie merkt den Leuten an, daß Dona Mary zu weit gegangen ist. Es gibt zwar Gerüchte, daß die Krankenhäuser den Armen ohne weiteres die Hornhäute von den Augen entfernen und sie ins Ausland verkaufen. Aber das von einer Frau zu hören, die eine stolze Haltung hat und eine Stimme, die Respekt gebietet, das läßt die Leute mißtrauisch werden.
Isabel versucht verzweifelt zu retten, was noch zu retten ist: »Red nicht mehr darüber, Mama. Es ist so schrecklich. Komm, wir gehen.«
Und um dem Ganzen die Krone aufzusetzen, glotzt Barbara ihnen nach und sagt: »Mama? Ich habe gar nicht gewußt, daß Dona Mary ein Kind hat!«
Isabel zieht Dona Mary in die nächstbeste Seitenstraße.
»Und dieses Hurenbalg hat man auch noch auf die Welt gebracht!« ruft Dona Mary verärgert aus, als sie in die Favela hochgehen.
»Du hättest nicht so stark übertreiben dürfen«, sagt Isabel.
»Irgend etwas mußte ich doch sagen. Sie schrie ja wie eine Katze, der man den Schwanz eingeklemmt hat. Aber eins

sag' ich dir, das mach' ich nicht noch einmal. Nie im Leben! Lieber sterb' ich auf der Stelle. Wieviel haben wir überhaupt zusammengekriegt?«

Isabel zählt das Geld.

»Na, so schlecht war es auch wieder nicht. Wir kaufen ein bißchen Gemüse bei Dona Carlota. Dann kochen wir eine ordentliche Suppe. Die haben wir uns verdient.«

22

Es regnet. Es schüttet wie aus Kübeln, und alles ist wieder wie vorher. Die Leute kommen hustend und schniefend und mit Schmerzen an den sonderbarsten Stellen. Isabel und Dona Mary haben alle Hände voll zu tun. Aber lieber Arbeit und etwas zu essen im Bauch als Hunger und Hoffnungslosigkeit wie in der letzten Zeit.

Und es regnet immer weiter. Es ist, als ob der Himmel alles nachholen wollte. Und an einem dieser Tage wird die Tür von einem schmutzigen, mageren Jungen mit dem breitesten Grinsen von ganz Rio vorsichtig aufgestoßen.

»Luiz!« jubelt Isabel und läuft zur Tür, um ihn zu umarmen, bleibt aber dann plötzlich stehen.

Es ist, als ob sie gegen eine Wand gelaufen wäre. Er ist gleichzeitig der alte und dann doch nicht – er ist gewachsen. Wie alt ist er eigentlich? Sie versucht, es auszurechnen und kommt zu dem Ergebnis, daß er mindestens vierzehn sein muß, vielleicht sogar älter.

Dona Mary ist auch zu Hause und nimmt sich sofort seiner an.

»Du siehst ja fürchterlich aus«, stellt sie fest. »Läuse und Krätze hast du, und wie ich sehe, ist auch mal wieder das Krankenlager angesagt. Daß dein Gegner die Wunde neben der Halsschlagader so plaziert hat und nicht zwei Millimeter nebendran, dafür kannst du Gott danken. So geht es also in São Paulo zu?«

Auf jeden Fall lebt er und ist wieder da, genau, wie er versprochen hat, denkt Isabel.

Als Dona Mary ihn unter der Pumpe oben auf dem Hügel saubergewaschen hat, ihn mit allerlei Sachen eingerieben und Kräuter auf seine Wunde gelegt hat, fragt Isabel: »Hast du Sandra getroffen?«

»Sie läßt dich grüßen«, sagt er kurz angebunden.

»Geht es ihr gut?«

»Es schien so.«

»Wie lange bist du schon wieder in Rio?« unterbricht Dona Mary das Gespräch.

»Ein paar Tage. Ich wollte zuerst die Lage checken.«

»Und, wie ist es?«

»Es ist härter geworden. Weniger Touristen, aber um so mehr Bullen überall, und dann hat es auch noch so verflucht geregnet.«

»Na ja, du kannst hier wohnen, bis ich das mit der Wunde im Griff habe.«

Isabel spürt eine bisher nicht gekannte körperliche Unruhe, wenn sie mit Luiz zusammen ist. Außerdem ist sie plötzlich verlegen in seiner Gegenwart. Vielleicht um dies zu verbergen, hält sie nicht den Mund, sondern nervt ihn die ganze Zeit mit ihren Fragen.

»Wie hast du Sandra getroffen? Was hat sie gesagt? Kommt sie wieder nach Rio? Oder geht es ihr so gut, daß sie bleiben will?«

Trotz der neuen Gefühle, die sie in sich spürt, ist ihre Intuition noch ganz in Ordnung. Luiz schweigt einen Moment zu lange, und plötzlich weiß sie, daß da etwas überhaupt nicht stimmt.

»Du lügst!« ruft sie aus. »Du hast sie überhaupt nicht getroffen.«

Luiz liegt auf Dona Marys Kissen, hat die Augen geschlossen und tut so, als würde er schlafen. Isabel wird immer unruhiger.

»Dona Mary«, sagt sie, »er weiß etwas über Sandra und sagt es nicht.«

»Dann ist es vielleicht auch besser so.«

Da weiß Isabel Bescheid.

»Woran ist sie gestorben?«

Dona Mary geht zu den Kissen.

»Wenn du was weißt, dann rück jetzt heraus damit.«

»Sie wurde von einem Zuhälter niedergestochen, weil sie mit dem Geld abhauen wollte. Mehr weiß ich nicht. Ein Mädchen hat es mir erzählt«, sagt Luiz.

Isabel sitzt eine Weile schweigend da und versucht zu begreifen, was er gesagt hat. Warum fühlt sie nichts? Warum ist es in ihr so leer?

»Und du?« fragt sie unvermittelt. »Hast du vor, wieder zurückzufahren, wenn du wiederhergestellt bist?«

»Nein«, sagt Luiz. »Aber ich muß mir etwas einfallen lassen, damit ich von der Polizei in Ruhe gelassen werde. Ich könnte als ›Parkwächter‹ arbeiten. Wenn ich nur einen Platz finde, der nicht besetzt ist.«
»Warte, bis die Wunde geheilt ist«, bestimmt Dona Mary, und damit ist Luiz sehr einverstanden.

Isabel kann sich nur schwer vorstellen, daß Sandra tot ist, aber sie fragt nicht noch einmal, denn wenn Luiz immer wieder das gleiche sagt, muß sie ihm am Ende glauben. Da will sie sich lieber einreden, daß er eigentlich nichts weiß, daß das, was er erzählt hat, nur ein Gerücht ist. Daß es nicht wahr ist und daß Sandra wie immer irgendwann an der Copacabana auftauchen wird, wenn man am allerwenigsten damit rechnet.
Die Wunde verheilt langsam, und Luiz sucht einen Ort, wo er Autos bewachen kann. Er hat Glück. Ein Junge, der diesen Job in einem Viertel gemacht hat, in dem es viele Restaurants gibt, kommt plötzlich nicht mehr. Luiz ist der erste, der es merkt, und übernimmt seine Stelle.
Sonntags nachmittags, wenn Dona Mary ihre Salben rührt und Tees mischt, hilft Isabel Luiz bei den Autos. Die Sonntage sind die großen Tage für die Restaurants, besonders nachmittags. Luiz kommt fast nicht nach. Er muß den Leuten die freien Parkplätze zeigen. Er muß ihnen beim Einparken helfen, indem er mit den Händen Zeichen gibt. Er muß auf die Autos aufpassen, damit keine Straßenkinder Rückspiegel und Scheibenwischer klauen. Er muß den Leuten beim Ausparken helfen, wenn sie

wieder weg wollen . . . und er bekommt Geld für seine Arbeit.
Die Restaurantbesitzer haben nichts gegen die ungebetene Hilfe. Sie bekommen so mehr Kundschaft. Und die Autobesitzer bezahlen selbst. Sie wissen, daß ihr Auto sicher geparkt ist. Wenn sie allerdings nicht bezahlen wollen, müssen sie damit rechnen, daß ihre Autonummer aufgeschrieben wird und sie beim nächsten Besuch häßliche Kratzer im Lack oder einen zerstochenen Reifen haben.
Sonntags schafft Luiz es also nicht alleine, deswegen hilft Isabel ihm. Dona Mary ist damit einverstanden, sofern sie ihren Anteil bekommt. Isabel dagegen muß vor allem mit Luiz abrechnen, und weil sie froh ist, wieder mit ihm zusammenzusein, gibt sie Dona Mary soviel Geld, wie er sagt.
Luiz darf weiter im Haus in der Favela wohnen, solange er seinen Teil zum Unterhalt beiträgt. Es regnet immer noch, und die Geschäfte laufen auch für Dona Mary gut. Alles ist wunderbar. Bis der Affe in ihr Leben tritt.
Und das macht er ausgerechnet an einem Sonntag . . . einem Sonntag, an dem seit langer Zeit wieder einmal die Sonne scheint. Ein Touristenpaar kommt durch das Viertel geschlendert, in dem Isabel und Luiz Autos einparken helfen. Der Mann hat einen kleinen Affen auf der Schulter. Isabel ist so begeistert, daß sie ihn einfach streicheln muß. Luiz ruft ihr wütend hinterher, aber sie hört ihn gar nicht. Die Touristen schauen sich ängstlich um, der Mann geht zurück und läßt aus Versehen die Leine los. Der Affe er-

greift seine Chance und fliegt beinahe davon. Isabel läuft ihm lachend hinterher.
»Fang ihn!« ruft der Mann ihr nach, und das hat sie auch vor. Zumindest anfänglich.
Der Affe ist schon in einer anderen Straße, und Isabel, die wieder schnell laufen kann, ist ihm dicht auf den Fersen. An einem Baum zögert er für einen Moment. Isabel greift wie ein Habicht zu. Und sie hat keineswegs vor, das kleine zappelnde Ungeheuer wieder loszulassen. Sie läuft weiter. Eine andere Straße hinauf, durch einen engen Durchgang, bis sie sich sicher fühlt.
Sie setzt sich auf einen Hügel in der Nähe der Favela und streichelt ganz glücklich den Affen, der sich allmählich wieder beruhigt.
»Du bist so weich und schön. Du brauchst keine Angst zu haben«, sagt sie. »Bei mir wirst du es viel besser haben. Die Touristen hätten dich in ein ganz fremdes Land mitgenommen und dich in einen Käfig gesetzt und dir merkwürdige Sachen zu essen gegeben, da wärst du vor Sehnsucht gestorben. Bist du ein Mädchen oder ein Junge ?«
Sie schaut nach.
»Ein Junge!« stellt sie fest. »Du wirst Amigo heißen. Komm, Amigo, jetzt gehen wir nach Hause und überraschen Dona Mary. Sie gibt dir bestimmt etwas Leckeres zu essen.«

Dona Mary lehnt sich über eine Frau, die Schmerzen in der einen Schulter hat und massiert eine ihrer Salben ein. Deshalb schaut sie nicht in Isabels Richtung.
»Wie sind die Geschäfte heute gegangen?« fragt sie.

»Gut!« sagt Isabel, und auch wenn es nur ein Wort ist, so ist etwas in ihrer Stimme, das Dona Mary aufhorchen läßt. Erst sagt sie gar nichts. Sie guckt bloß. Die Frau mit der schmerzenden Schulter guckt auch bloß.
»Was ist denn das?« fragt Dona Mary und zeigt auf das Tier.
»Ein Affe«, sagt Isabel. »Ist er nicht süß? Ich habe ihn zwei Touristen abgeluchst. Es tat mir leid, daß er in ein anderes Land mitgenommen und in einen Käfig gesperrt werden würde und . . .«
»Gut«, sagt Dona Mary. »Bind ihn da hinten fest, den kochen wir zum Abendessen. Affenfleisch soll sehr gut sein, habe ich gehört.«
Die Frau mit der schmerzenden Schulter nickt zustimmend. Doch, das habe sie auch schon gehört.
»Niemand wird meinen Amigo zum Abendessen verzehren!« sagt Isabel empört.
»Hast du etwa vorgehabt, das Viech zu behalten? Soll ich vielleicht auch noch einen Affen durchfüttern? Als ob die zwei, die ich schon habe, nicht reichen würden.«
»Ich werde ihn selbst füttern«, sagt Isabel. »Ich werde schon dafür sorgen, daß er etwas zu fressen bekommt.«
»Ich will das Viech nicht im Haus haben. Außer zum Abendessen. Und dann esse ich ihn, und er wird mir nicht das letzte Stück Brot wegfressen.«
Dona Mary ist so wütend, daß Isabel ganz schnell nach draußen verschwindet und sich mit dem Affen auf den Hügel hinter dem Haus setzt. Hier will sie auf Luiz warten. Vielleicht kann er Dona Mary überreden.

Sie muß sehr lange warten. Luiz kommt erst, als der letzte Gast das Restaurant verlassen hat.
»Warum sitzt du hier draußen?« fragt er.
Bevor sie antworten kann, entdeckt er den Affen und brüllt vor Lachen.
»Du hast doch wohl nicht gedacht, daß Dona Mary dich den behalten läßt?«
»Ich möchte ihn haben«, sagt Isabel. »Er ist so süß und weich. Fühl mal!«
Luiz will nicht wissen, wie weich der Affe ist. Aber in seinen Augen ist etwas Neues, als er Isabel anschaut, und er wird gleich wieder ernst.
»Komm«, sagt er. »Ich will sehen, was ich tun kann. Du hast ihm wahrscheinlich auch schon einen Namen gegeben.«
»Amigo«, sagt Isabel, und dann gehen sie zusammen ins Haus.
»Wenn ihr das Abendessen dabeihabt, dann erschlagt es, und legt es da hinten in die Ecke. Es tut dem Fleisch nur gut, wenn es ein bißchen mürbe wird«, sagt Dona Mary von ihren Kissen aus.
»In São Paulo kannte ich einen, der genau so einen Affen hatte. Er hat ihm lauter Kunststücke beigebracht und ihn vor den Touristen auftreten lassen. Jesus, was hat der mit diesem verdammten Flohpelz Geld verdient!« erzählt Luiz.
»Aha«, sagt Dona Mary. »Und jetzt hast du dir also gedacht, du könntest das Viech dressieren?«
»Man könnte es wenigstens versuchen. Ich habe eine gute Hand mit Tieren, und ich habe zugeschaut, wie er mit dem Affen geübt hat, ich weiß also, wie man es macht. Ich habe

eine ganze Menge gelernt. Es ist schließlich besser, wenn wir einen Topf voller Geld haben als einen voller Affenfleisch.«
Dona Mary brummelt etwas, protestiert aber nicht mehr.
»Ist das wahr?« flüstert Isabel, als sie neben Luiz auf dem Karton-Decken-Lager liegt.
»Natürlich«, sagt er. »Aber ich will den Affen nicht in der Nähe haben, wenn ich schlafe. Er ist bestimmt voll mit Läusen, und Krätze kannst du dir von dem Drecksviech auch gleich holen.«
»Die hast du doch sowieso schon«, sagt sie, aber bevor sie einschläft, überprüft sie, ob die Leine fest um ihr Handgelenk und um den Affen geschlungen ist.

23

Am nächsten Morgen sitzen sie am Feuer, trinken Tee und knabbern an Brotkanten, als Amigo versucht, Isabel ein Stück Brot abzuluchsen. Natürlich kann sie ihm nicht widerstehen. Sie tunkt das Brotstück in den Tee und gibt es ihm. Er verschlingt es gierig.
»Hör verdammt noch mal auf damit!« faucht Luiz ärgerlich.
»Ja, ich habe nicht vor, hier drinnen einen Zoo zu halten«, sagt Dona Mary.
»Es ist kein ganzer Zoo«, protestiert Isabel. »Es ist ein armer, kleiner, hungriger Affe.«

»Und er wimmelt von Läusen, und ich weiß nicht, was sonst noch.«
Da steht Luiz auf. Jedes Mal, wenn er aufsteht, hat Isabel das Gefühl, daß er schon wieder ein Stück gewachsen ist. Wie groß will er eigentlich werden?
»Hört auf zu streiten, ihr beiden«, sagt er. »Soll hier ein Affe dressiert werden, oder nicht? Dann darf er von niemandem etwas zu fressen bekommen. Es ist einfacher, wenn er Hunger hat. Da macht er vielleicht etwas, um zur Belohnung ein Stück Brot zu bekommen. Er wird sich auf jeden Fall nicht zu Tode schuften, wenn er satt ist.«
Dona Mary nickt. Solche Überlegungen sind ganz nach ihrem Geschmack.
»Wir fangen damit an, daß wir ihm beibringen, nach Geld zu betteln«, schlägt sie vor.
Luiz schnappt sich den Affen.
»So, jetzt schaust du den beiden genau zu«, sagt er zu ihm. Dann wendet er sich an Isabel.
»Du mußt den Affen spielen. Lauf zu Dona Mary, und streck ihr die Hand hin.«
Isabel macht, was er gesagt hat, und sie streckt nicht nur die Hand hin, sondern legt auch noch den Kopf schräg und schaut sie bittend an.
»Gut«, sagt Luiz. »Gib ihr ein Stück Brot!«
Dona Mary gibt Isabel einen Brotkanten, und die kaut ihn, als ob es das beste wäre, was sie seit langem bekommen hat.
»Noch einmal!« befiehlt Luiz.
»Soll ich sie etwa mästen, nur wegen dem Lauseviech?« jammert Dona Mary.

»Das machen wir doch nur, damit er es lernt«, erklärt Luiz.
»Gut, wenn er es nach diesem Mal nicht gelernt hat, könnt ihr selbst sehen, wo ihr Brot herbekommt.«
Endlich ist Amigo an der Reihe und darf es versuchen.
Erst bleibt er ganz still sitzen und schaut verwirrt um sich. Dann macht er einen Riesensatz und landet direkt auf Dona Marys Kopf.
»Nehmt ihn weg!« schreit sie hysterisch und wedelt mit den Händen, als ob es Flügel wären.
Isabel starrt sie fasziniert an. Sie stellt sich an, als ob sie den ganzen Kopf voller Kakerlaken hätte. So hat sie Dona Mary noch nie gesehen. Gleichzeitig geht die Tür auf, und die Nachbarin kommt herein. Ehe jemand auch nur blinzeln kann, ist Amigo draußen. Brüllend läuft Isabel ihm nach, gefolgt von Luiz.
Der Affe ist auf den nächsten Baum geklettert. Luiz gelingt es schließlich nach langem Hin und Her, ihn mit einem Stück Brot zu sich zu locken. Das Stück Brot ist natürlich weg.
»Und was machen wir jetzt?« fragt Isabel.
»Besorg mehr Brot«, sagt Luiz und gibt ihr einen schmutzigen Schein. »Kauf ein bißchen frisches Brot. Das mag er, und dann geht es bestimmt ganz leicht.«
Ganz so leicht geht es zwar nicht. Aber schließlich gelingt es Luiz, ihn ein paarmal zum Betteln zu bewegen. Dann ist er offensichtlich satt, denn er macht nichts mehr.
»Jetzt müssen wir warten, bis er wieder Hunger hat«, sagt Luiz und macht sich auf den Weg zu »seinem Parkplatz«.
»Wenn ein anderer ihn übernommen hat, schlag' ich dich tot.«

Isabel geht Dona Mary besänftigen.
»Ich denke, wir werden mit ihm Geld verdienen«, behauptet sie. »Er hat betteln gelernt. Er kann bestimmt noch mehr lernen. Zum Beispiel tanzen.«
»Samba, oder was?« lacht Dona Mary. »Ja, das wäre ein Bild für die Götter.«
Luiz kommt früh am Abend zurück.
»Hat jemand deinen Platz übernommen?« fragt Isabel.
»Ja«, sagt er, scheint aber gar nicht sauer zu sein. »Ich bin rumgegangen, um einen neuen Platz zu suchen, und da habe ich einen Kumpel getroffen, der mir einen Tip gegeben hat. Ich verstehe nicht, daß ich da nicht selbst drauf gekommen bin.«
»Was denn?«
»Maracana! Das Stadion! Am Sonntag wird da ein sehr wichtiges Spiel ausgetragen, zu dem Unmengen von Leuten kommen werden. Das kann viel Kohle bringen. Ich werde morgen hingehen und die Parkmöglichkeiten checken . . . nachdem ich mit dem Lausevieh trainiert habe.«
»Isabel behauptet, daß er so gelehrig ist, daß er bald Samba tanzen kann«, gluckst Dona Mary.
Auch Luiz schüttelt sich vor Lachen.
»Ein Affe, der Samba tanzt . . . das würde uns zu Millionären machen! Aber warum eigentlich nicht? Besorg einen Kassettenrekorder und ein paar Kassetten, und dann probieren wir es!«
»Jetzt habe ich zwei Narren und einen Affen im Haus«, seufzt Dona Mary.

Vor dem Einschlafen liegt Isabel wach und überlegt, wo sie einen Kassettenrekorder und Sambakassetten herbekommen soll. Es gibt zwar Leute, die so dumm sind, Rekorder mit an den Strand zu nehmen. Aber die sind nicht leicht zu stehlen. Sie sind so schwer und unhandlich, daß man nicht schnell genug damit laufen kann.
»Kennst du jemanden, der so einen Kassettenrekorder hat?« fragt sie am nächsten Morgen Dona Mary.
»Hier in der Favela wird nichts gestohlen!« sagt Dona Mary. »Was ihr sonst macht, ist mir egal, aber hier oben nehmt ihr euch zusammen!«
»Ich habe gedacht, daß man vielleicht einen leihen kann«, sagt Isabel. »Von jemandem, dem du schon geholfen hast.«
»Leihen kostet Geld, genau wie kaufen. Und bilde dir bloß nicht ein, daß ich den Leuten Gratisbehandlungen gebe, nur für den Sambaunterricht des Affenviechs.«
Das war allerdings genau das, was Isabel gehofft hatte. Nun muß sie eben versuchen, ihn selbst zu leihen. Aber wer könnte hier in der Nähe einen Kassettenrekorder haben? Zum Schluß fällt ihr eine Familie ein, deren eine Tochter in eine Sambaschule geht und sehr gut tanzen soll. Die haben bestimmt einen. Aber die werden ihn wohl kaum herleihen, damit ein Affe Samba tanzen lernt.
Sie überlegt mit Luiz.
»Wenn sie in eine Sambaschule geht, wird sie ihren Rekorder selber brauchen«, sagt er.
»Aber wenn du sie fragen würdest. Sie gafft dir immer hinterher. Und du könntest ihr ja sagen, daß du mit mir

trainieren willst, weil wir im Karneval unten auf der Rio Branco tanzen wollen. Flirte halt ein bißchen mit ihr!«
Luiz starrt Isabel richtig erstaunt an. Dann lacht er laut.
»Sag nicht, daß du auch noch mein Zuhälter werden willst!«
Isabel findet das überhaupt nicht lustig. Sie bereut schon, was sie gesagt hat. Sie will Luiz mit niemandem teilen.
»Ist sie hübsch?« fragt er und grinst frech.
Sie nickt.
»Wir gehen zusammen hin. Aber du mußt fragen.«
»O nein«, sagt er. »Wenn's ums Flirten geht, mach' ich das lieber alleine.«
Isabel denkt an Amigos Sein oder Nichtsein und beschreibt dann, wo die Familie wohnt. Luiz geht und bleibt viel zu lange weg. Isabel ärgert sich über sich selbst. Wie konnte sie nur einen so idiotischen Vorschlag machen?
Als Luiz endlich durch die wackelige Wellblechtür kommt, hat er tatsächlich einen Kassettenrekorder und eine Kassette dabei.
»Wo hast du den gestohlen?« explodiert Dona Mary.
»Reg dich nicht auf, der ist sauber.«
Das kann Dona Mary fast nicht glauben, obwohl Luiz genau erzählt, woher er ihn hat.
»Ich warne euch, meine Geduld ist bald zu Ende. Wenn dieser verfluchte Affe morgen nicht Samba tanzen kann, dann könnt ihr beide das Viech nehmen und aus meiner Tür hinaustanzen, wohin, ist mir egal. Und wenn ihr direkt in die Hölle tanzen solltet. Denn in die scheint ihr ohnehin unterwegs zu sein.«

Natürlich tanzt Amigo am nächsten Tag noch nicht Samba. Aber Isabel hat ihm nichts zu fressen gegeben. Sie überläßt alles Luiz. Als die Sonne hinter dem Berg Corcovado* untergeht und es dämmert, und als die Nachbarn entweder dastehen und sich vor Lachen biegen über Isabel und Luiz, die Samba tanzen und einander mit Brot füttern, oder selbst von der Musik mitgerissen werden, und als Dona Mary sich im Takt wiegt, obwohl das vor allem von dem vielen Cachaça kommt, den sie an diesem merkwürdigen Tag getrunken hat, ... da, genau da ... als der Corcovado wie ein riesiger Schatten dasteht und die Christusfigur ihre Arme ausstreckt, um ganz Rio zu umarmen ... da wiegt Amigo sich mit der Musik. Nur ein paar magische Sekunden lang, dann hört er wieder auf. Alle anderen hören auch auf, aus purem Erstaunen. Luiz streichelt und lobt ihn sofort und gibt ihm ein Stück von der Mango, die eine freundliche Seele beigesteuert hat. Die Sambamusik spielt weiter, und offenbar mag Amigo Mangos, denn er wiegt sich wieder.

Dona Mary nimmt einen tiefen Zug aus der Flasche und grinst übers ganze Gesicht: »Wenn ihr das Samba nennt, dann seid ihr dümmer, als ich gedacht habe!«

»Er tanzt auf jeden Fall besser als die meisten Touristen«, sagt jemand, und alle lachen und stimmen zu.

Plötzlich steht das Mädchen da, von dem Luiz den Rekorder geliehen hat.

»Nein, ist der süß«, sagt sie mit samtweicher Stimme zu

* Corcovado = Zuckerhut

Luiz, und dann tanzt sie auch, und sogar Isabel muß zugeben, daß sie gut ist.
Aber als Luiz mit ihr tanzt und so über das ganze Gesicht grinst, daß er sich fast den Kiefer ausrenkt, geht Isabel ins Haus und legt sich in ihr Kartonbett.
Dona Mary kommt auch bald mit Amigo ins Haus. Der Cachaça ist alle, es ist dunkel, und die Nachbarn sind nach Hause gegangen, um ein Feuer anzumachen und etwas zu essen zu machen.
Luiz streckt den Kopf zur Tür herein und blinzelt Isabel zu.
»Morgen bringen wir Amigo noch ein paar Schritte bei«, sagt er und verschwindet mit dem Mädchen.
»Ja, ja«, seufzt Dona Mary schläfrig und rollt sich auf ihren Kissen zusammen. »Jetzt muß dein Luiz sich ordentlich benehmen, damit ihr den Rekorder behalten dürft, bis das Viech auch noch mit dem Hintern wackeln kann.«
»Er ist nicht *mein* Luiz«, sagt Isabel sauer. »Er gehört sich selber. Außerdem habe ich vorgeschlagen, daß er mit dem Mädchen flirten soll.«
»Daß du dickköpfig bist, das habe ich gewußt.« Dona Mary lacht vor sich hin. »Aber daß du auch dumm bist, das ist dein Problem. Was mich beunruhigt, ist, daß ihr so schnell gewachsen seid.«
»Er ist gewachsen, ich nicht.«
»Ich meine nicht die Körpergröße. Ich meine innerlich. Du bist offenbar inzwischen alt genug, um dich in ihn vergaffen zu können.«
»Hör auf! Luiz ist wie ein Bruder für mich. Und das reicht

mehr als genug. Ich meine, so einen Bruder zu haben ist ganz schön anstrengend.«
Dona Mary antwortet mit einem besonders tiefen Cachaçaschnarcher.

24

Isabel kann nicht schlafen. Sie liegt wach und denkt über das nach, was Dona Mary gesagt hat. Was sind das bloß für Gefühle in ihr? Ist es vielleicht nur so, daß sie sich stärker fühlt, wenn sie Luiz bei sich hat? Er hat ihr schließlich geholfen, als Sandra sie verließ. Oder ist da noch etwas anderes? Sie weiß es nicht. Sie weiß allerdings sehr genau, daß es ihr überhaupt nicht gefällt, hier allein unter der Decke zu liegen und nicht zu wissen, wann er zurückkommt, um sich neben sie zu legen und seine Körperwärme mit ihr zu teilen.
Er ist auch am nächsten Morgen, als sie aufwacht, nicht da. Dona Mary trinkt ihren speziellen Tee, den sie immer trinkt, wenn sie einen Kater hat. »Paß nur auf, daß er den Rekorder dabeihat, wenn er kommt«, sagt sie grinsend.
Isabel antwortet nicht.
»Ich bin auf jeden Fall der Meinung, daß du dem Vieh nichts zu fressen geben solltest«, fährt Dona Mary fort. »Wer weiß, vielleicht kann er ihm sogar beibringen, Lambada zu tanzen.«
Luiz kommt irgendwann, und er hat wirklich den Rekorder

dabei. Sie üben wieder mit Amigo, und schließlich ist sogar Dona Mary der Meinung, daß es nach etwas aussieht. Sie beschließen, schon am nächsten Freitag an der Cinelandia ihr Glück zu versuchen.

Luiz ist weiterhin nachts nicht da. Weder Dona Mary noch Isabel fragen ihn, wo er bleibt. Solange er morgens den Rekorder dabeihat, wissen sie es sowieso.

Am Freitag ziehen sie mit Amigo und dem Rekorder los, und alle Nachbarn halten ihnen die Daumen. Alle mögen den kleinen Affen und finden, daß er ein so vollendeter Sambatänzer ist, wie es ein Affe nur sein kann.

»Ramona hat gesagt, daß sie in ihrer Sambaschule von ihm erzählen wird. Vielleicht darf er auf dem Sambódromo tanzen«, sagt Luiz.

»Da müssen sie aber dafür bezahlen«, sagt Isabel. »Sag Ramona das!«

»Bezahlen? Spinnst du? Wenn der Affe beim Karneval mitmacht, wird er in ganz Brasilien berühmt. Wir werden ein Vermögen verdienen!«

Je näher sie der Cinelandia kommen, desto nervöser werden sie.

»Wenn das Lausevieh nicht tanzen will, mußt du tanzen«, sagt Luiz. »Ich habe nicht vor, mich auslachen zu lassen.«

Aber sie hätten sich keine Sorgen zu machen brauchen. Amigo blamiert sie nicht. Er tanzt, und Isabel tanzt, und das Geld regnet nur so auf sie herab. Vor lauter Freude füttert Luiz auch Isabel mit Mangostückchen. Wie das wirkt, hört man am Applaus. Sogar ein paar Clowns, die in der Nähe auftreten, kommen zum Zuschauen.

»Auf diesen Affen müßt ihr gut aufpassen«, sagt einer von ihnen, als sie eine Pause machen. »Der kann eine Goldgrube werden.«
In dieser Nacht wird Amigo besonders oft von Luiz gestreichelt. Dann wandert er mit dem Rekorder weiter in die Favela hinauf.
Der Clown hatte recht. Amigo ist eine Goldgrube. Und er scheint gerne zu tanzen. Manchmal ist er richtig erregt und überdreht, aber das findet das Publikum noch lustiger.
Isabel hat sich daran gewöhnt, daß Luiz nachts woanders schläft. Deshalb ist sie um so erstaunter, als er eines Tages einen eigenen Kassettenrekorder mitbringt, den er von einem Hehler in der Favela gekauft hat. Er hat auch Kassetten, sogar mehrere ganz neue. Die hat er einem Verkäufer auf der Copacabana gemopst.
»Jetzt muß ich wenigstens nicht mehr vor dieser Hure da oben kriechen«, sagt er.
Dann schläft er wieder neben Isabel. Eines Nachts spürt sie, wie sein Arm sich vorsichtig um sie legt. Sie liegt ganz still, aber die Unruhe und die Fragen sind wieder in ihr erwacht. Und sie bekommen keine Antwort.

Eines Sonntags sagt Luiz, daß er unbedingt Isabels Hilfe am Marcanastadion braucht. Das wichtigste Match des Jahres findet statt, und weil die eine Mannschaft die »Flamengos« sind, die berühmteste Fußballmannschaft von Rio, werden Unmengen von Menschen erwartet!
Dona Mary ist zuerst dagegen. Sie braucht Isabel, die in-

zwischen viel gelernt hat. Sie kann jetzt schon Tees kochen, Salben rühren und Umschläge machen.
»Da kommen bestimmt nicht sehr viele Leute, bei dem Regen«, mutmaßt sie.
»Und wenn es Kakerlaken regnen würde, den Leuten ist das egal, wenn die Flamengos spielen«, sagt Luiz. »Außerdem scheint es da hinten heller zu werden.«
In der Favela ist alles schlammig und aufgeweicht. Die Leute husten und haben Schmerzen, und die Nasen laufen um die Wette mit den Regenschauern. Aber schließlich gibt Dona Mary nach und läßt Isabel gehen.
Sie leisten es sich sogar, mit dem Bus zu fahren.
Ein paar Stunden vor dem Spiel wagt sich die Sonne hervor. Mit der Sonne kommt auch das Publikum. An so einem Tag haben natürlich alle, die es sich leisten können, ihre Autos dabei, und die müssen alle geparkt werden.
Isabel und Luiz arbeiten, soviel sie nur können. Aber viele Kinder wittern ihre Chance. Es ist nicht leicht, im Kopf zu behalten, welchen Autos sie geholfen haben und welchen nicht. Sie schaffen es gar nicht, überall zu sein und sich bezahlen zu lassen, als das Spiel zu Ende ist. Nicht wenn das größte Fußballstadion der Welt die Menschenmassen ausspuckt. Die Flamengos haben offenbar gewonnen, denn man sieht überall die rotschwarzen Fahnen. Und da die Zuschauer die Pullover ihrer Lieblingsmannschaft anhaben, ist es einfach zu erkennen, wer für wen ist. Das ist gut, denn jetzt kommt es darauf an, sich an die rotschwarzen Gewinner zu halten. Die sind guter Laune und geben gute Trinkgelder. Aber wie sehr Isabel und Luiz sich auch an-

strengen, immer wieder werden sie von anderen Straßenkindern geprellt, die an »ihren« Autos stehen und die Hand aufhalten. Und wer weiß schon, was für eine Rotznase einem beim Einparken geholfen hat? Man legt eine Münze in die erstbeste ausgestreckte Hand und fährt dann so schnell wie möglich davon, ehe die Schlangen noch länger werden.

Isabel und Luiz retten, was zu retten ist, und verdienen trotz allem ein schönes Stück Geld. Sie einigen sich, wieviel sie Dona Mary geben wollen, dann gehen sie nach Hause. Sie gehen zu Fuß, weil es noch früh ist. Was sollen sie um diese Tageszeit zu Hause machen? Bald treffen sie eine Gruppe von Jugendlichen, die Luiz kennt. Sie beschließen, ein bißchen zu feiern, sie kaufen Haschisch und Klebstoff und verschwinden im Flamengopark. Aber noch bevor sie einen ersten Rausch haben, fängt es an zu regnen. Sie laufen schnell in das Botafogoviertel und suchen unter einem Viadukt Schutz. Hier sitzen sie und sniffen und rauchen und lachen über den Regen, der über die Stadt peitscht. Sie lachen auch über die Busse, die durch die Straßen schwimmen, weil die Kanäle das Wasser nicht aufnehmen können. Luiz legt den Arm um Isabel, und sie drückt sich an ihn. Bald ist es stockfinster, aber es regnet immer weiter. Warm und benebelt schlingen die Jungen und Mädchen sich ineinander.

Als Luiz in Isabel eindringt, schreit sie nicht einmal auf. Aber daß es das ist, was in der letzten Zeit so viele Fragen in ihr geweckt hat und sie so unruhig gemacht hat, das versteht sie jetzt. Nicht daß sie es besonders toll gefunden hätte, dafür tat es zu sehr weh. Außerdem ist sie naß und benommen von dem Klebstoff, und sie sehnt sich plötzlich ganz stark nach Hause zu Dona Mary und dem kleinen Amigo. Aber Luiz ist trotz allem Luiz, und irgendwann schläft sie in seinen Armen ein.

Es regnet die ganze Nacht wie verrückt. Und es hört auch am Morgen noch nicht auf. Aber jetzt frieren sie und beschließen, so schnell wie möglich nach Hause in die Favela und zu Dona Marys warmem Feuer zu laufen. Sie einigen sich sogar darauf, ihr ein bißchen mehr von dem verdienten Geld zu geben. Das ist sie wert.

»Sie war verdammt anständig zu uns«, sagt Luiz.

»Es ist ein verdammtes Glück, daß wir sie haben«, sagt Isabel.

Luiz nickt.

»Einer der Jungens hat gestern abend gesagt, daß immer mehr dran glauben müssen. Nicht einmal, wenn man eine Arbeit hat, ist man sicher. Neulich haben sie einen Schuhputzer erschossen. Er hatte eine Mutter und wohnte in einer Favela und hat nichts anderes getan als Schuhe geputzt. Verdammt!«

Schon als sie den lehmigen Pfad hochlaufen, sehen sie, was passiert ist. Mehrere der Hütten und Häuser, die nebeneinander auf demselben Hügel standen wie Dona Marys Haus, sind zusammengestürzt. Die Leute suchen in den Trümmern nach Wertsachen. Dona Marys Schwester kommt ihnen entgegen und macht ein Zeichen, das alles sagt. Isabel friert nicht mehr. Und als sie den großen Körper

der schwarzen Frau leblos zwischen den Resten von dem liegen sieht, was eine Zeitlang ihr Zuhause war, kann sie bloß noch fassungslos hinstarren.
Luiz packt sie am Arm, und sie suchen nach ein paar Decken, ehe die anderen Bewohner der Favela sie an sich nehmen. Sonst gibt es keine Wertsachen.
Als der Krankenwagen Dona Marys Leichnam und zwei Verletzte abholt, nehmen Luiz und Isabel ihre Decken und wenden sich zum Gehen. Plötzlich bleibt Isabel erschrocken stehen.
»Amigo!«
»Er ist bestimmt abgehauen. Den sehen wir nie wieder.«
»Nein, ich höre ihn. Er wimmert irgendwo.«
»Wo denn?«
Sie zeigt auf ein Gebüsch. Luiz findet ihn.
»Komm nicht hierher!« sagt er.
Als sie doch näher kommt, dreht Luiz sich zu ihr um und schreit laut: »Bleib, verdammt noch mal, wo du bist!«
Sie macht, was er sagt. Sie hört einen dumpfen Knall.
»Jetzt kannst du kommen«, sagt Luiz leise.
Sie läuft zu ihm, und da liegt der kleine Affe zu ihren Füßen.
»Du hast ihn totgeschlagen!«
»Ja, und es hat mir keinen Spaß gemacht, falls du das glauben solltest«, sagt Luiz hart. »Er hatte beide Hinterbeine gebrochen.«
Sie sieht, daß Luiz nasse Wangen hat, und sie weiß, daß es nicht vom Regen ist.
»Hilf mir, ihn zu vergraben. Er soll auf jeden Fall von niemandem gegessen werden«, sagt er.

Als sie fertig sind, gehen sie den Berg hinunter durch die Favela. Niemand schaut ihnen nach. Niemand ruft sie zurück. Alle haben genug eigene Sorgen, und weder Luiz noch Isabel erwarten etwas anderes.

25

Sie gehen wieder zur Brücke. In den Höhlen ist niemand, und hier war auch seit längerem niemand. Sie hätten sonst irgendwelche Spuren gefunden. Ob der Grund ist, daß die Todesschwadronen immer noch hier »aufräumen« oder ob es Zufall ist, das werden sie bald herausfinden.

Sie hängen ihre Decken zum Trocknen auf, dann kuscheln sie sich eng aneinander. Das ist im Moment die einzige Möglichkeit, einander zu wärmen, jetzt, wo es ihnen so kalt ist, außen wie innen.

»Ich muß eine neue Bande bilden«, sagt Luiz nach einer Weile. »Alleine schaffen wir es nicht. Je mehr, desto besser. Man fühlt sich zumindest sicherer.«

Erst am späten Nachmittag hört es auf zu regnen. Luiz sagt zu Isabel, daß sie in die Strandcafés gehen und betteln soll. Er selbst geht wie immer seine eigenen Wege.

Er hat mich nur hierhergeschickt, um mich loszuwerden, denkt Isabel, als sie die menschenleere Copacabana entlanggeht. Niemand denkt auch nur im Traum daran, an so einem Tag im Freien zu sitzen und zu essen.

Aber sie hat noch das Geld vom Parkjob, sie kann also ein

bißchen Obst und Brot kaufen und sich satt essen, ehe sie wieder unter die Brücke geht.
Luiz kommt erst spät in der Nacht. Und er ist nicht alleine. Drei Jungen und zwei Mädchen hat er dabei, und alle sind sie high vom Klebstoff. Sie scheinen in Isabels Alter zu sein, alle, außer einem Mädchen, das so alt wie Luiz sein mag. Die Klebstofftüte macht die Runde, und Isabel snifft mit. Die Dämpfe betäuben die Unruhe, die den ganzen Tag in ihr war. Die Bilder von der toten Dona Mary und von Amigo verschwimmen immer mehr.
Luiz macht den anderen eindeutig klar, daß sie sein Mädchen ist. Das ist gut, denn die Jungen in einer Bande haben sonst die Angewohnheit, sich über alle Mädchen herzumachen.
Am nächsten Tag schmieden sie Pläne, wie sie arbeiten wollen, um etwas zu essen zu bekommen. Isabel wird das Handtaschenrauben zugeteilt. Sie soll es dem jüngeren Mädchen, Lidia, beibringen. Das ältere Mädchen, Amélia, prostituiert sich. Zwei der Jungen müssen betteln, Handtaschen rauben und auf den Märkten abräumen. Um den dritten kümmert sich Luiz selbst. Sie wollen auskundschaften, wo man noch schlafen könnte, sagt er. Gestern hat er unter anderem Sidney getroffen, und der hat behauptet, daß die Todesschwadronen mindestens einmal pro Woche unter der Brücke sind.
»Er sagt, es ist jetzt sicherer, direkt auf der Straße zu schlafen«, erklärt Luiz. »Da sehen es die Leute, wenn sie uns mitnehmen, und sie wollen ja möglichst keine Zeugen haben.«

Sie beschließen, sich vor dem Tunnel nach Botafogo zu treffen, kurz bevor es dunkel wird. Dann werden sie das Essen, und was sie sonst zusammenbekommen haben, teilen und entscheiden, wo sie schlafen.

Isabel und Lidia machen sich auf den Weg. Lidia läuft nicht so schnell, also muß sie die Opfer ablenken und Isabel die Tasche schnappen. Zweimal klappt es. Beim ersten Mal ist die Beute gleich null, und beim zweiten Mal müssen sie schwer kämpfen. Wenn Isabel nicht die allermeisten Verstecke in der Favela, wo sie mit Dona Mary gewohnt hat, kennen würde, hätte sie es nicht geschafft. Ein Typ, der eine Hoffnung für die Olympiade sein könnte, nimmt die Verfolgung auf, als sie in die Favela hochsaust. Die Leute, die sie kennen, unternehmen nichts. Viele rechnen sie immer noch zu denen, die hierhergehören, und so jemanden verrät man nicht so schnell.

Sie weiß das zu schätzen, aber ihr ist auch klar, daß sie nicht allzu oft hier durchflitzen kann.

Sie hat mit Lidia ausgemacht, daß sie sich hinterher unten am Strand treffen. Sie leert die Tasche und nimmt das Geld aus der Brieftasche, nicht ohne einen größeren Schein in ihre Unterhose zu stecken, dann geht sie hinunter zur Copacabana.

Hier zeigt sich, daß Lidia ihre eigenen Fähigkeiten hat. Sie hat Augen wie ein Luchs und sieht, wenn jemand seine Brieftasche oder andere Wertsachen versteckt, um ins Wasser zu gehen.

»Das beste sind mittelalte Frauen«, sagt sie. »Die passen zwar besser auf, aber sie sind nicht mehr so schön, daß alle

Kerle die ganze Zeit daliegen und sie anstarren. Manchmal bitten sie jemanden, der daneben liegt, auf die Sachen aufzupassen. Aber nur selten paßt jemand wirklich auf. Die legen sich bald wieder hin und sonnen sich oder lesen, oder sie gehen selbst ins Wasser.«
Lidia erzählt, daß sie sogar schon beobachtet hat, daß Leute das gestohlen haben, worauf sie aufpassen sollten, und damit abgehauen sind.

Sie kriegen also hier unten so einiges zusammen, und Luiz ist zufrieden mit ihnen, als sie es abliefern. Sie beschließen, auf der Straße zu schlafen. Jede Nacht an einer anderen Stelle.
Luiz hält immer noch zu Isabel, aber als er ihr immer wieder das Geld abnimmt, das sie zu verstecken sucht, wird sie wütend auf ihn. Und dann leistet sie plötzlich auch Widerstand, wenn er mit ihr schlafen will. Aber Luiz ist stark. Er lacht nur und macht doch, was er will.
Jede Woche hören sie neue Gerüchte über das Vorgehen der Todesschwadronen. Sie bekommen immer mehr Angst und passen immer besser auf. Sie trauen sich weniger, und am Ende verdient Amélia das Geld für die Gruppe alleine. Luiz sieht sie plötzlich mit anderen Augen an, und bald passiert es, daß er im schwachen Schein der Schaufenster mit ihr schläft und nicht mit Isabel.
Das gefällt Isabel überhaupt nicht. Aber was soll sie machen? Die anderen Jungen in der Gruppe versuchen, sich ihr zu nähern, aber das bekommt ihnen schlecht. Am Ende lassen sie Isabel in Ruhe.

Manchmal liegt sie da und schaut das Fernsehprogramm hinter der Schaufensterscheibe an. Irgendeine Seifenoper läuft immer. Weiße, reiche Menschen wälzen sich in ihrem Luxus und heulen mehr, als sie in ihrem ganzen Leben geheult hat, und das nur wegen irgendeinem Scheißdreck. Da denkt sie dann immer an Sandra. Sie hat schon lange die Hoffnung aufgegeben, ihre Schwester wiederzusehen. Luiz hatte bestimmt recht, als er sagte, daß sie in São Paulo niedergestochen worden ist.

Luiz verteilt inzwischen keine Aufgaben mehr. Sie müssen jeder selbst sehen, wie sie zurechtkommen. Was sie tagsüber essen, ist ihm egal. Das wichtigste ist im Moment, daß sie nachts zusammen schlafen und daß sie so viele wie möglich sind.

Ungefähr um diese Zeit ist es Isabel morgens übel. Eines Morgens, als sie hinter ein paar Büschen steht und sich übergibt, bemerkt es Luiz.

»Bist du krank?« fragt er, und in seiner Stimme ist tatsächlich so etwas wie Sorge.

»Nein«, sagt sie achselzuckend. »Ich habe gestern irgend etwas Verdorbenes aus einer Mülltonne gegessen.«

Aber sie weiß sehr wohl, daß sie schwanger ist. Sie traut sich allerdings nicht, Luiz zu erzählen, daß sie ein Kind von ihm erwartet. Wer weiß, vielleicht will er sie dann nicht mehr in der Gruppe haben?

Die Zeit vergeht, und Isabel fühlt sich Amélia gegenüber, die inzwischen die ganze Gruppe versorgt, immer mieser. Am Ende will sie nicht mehr nur zuschauen.

Was sie kann, kann ich auch, denkt sie. Außerdem hat

Sandra es auch gemacht. Sandra mit ihren schönen Träumen. Alle tun es. Wenn ich die Augen zumache, kann es auch nicht viel anders sein, als mit Luiz zu schlafen.
Sie hat zugeschaut, wie die Mädchen in ihrem Alter es machen. Die treiben sich nicht in den Straßencafés und Bars herum wie Sandra, Regina und die anderen. Nein, sie warten vor den Hotels. Und wenn ein Tourist herauskommt, gehen sie hin und fragen. Dann verschwinden sie mit dem Kerl in einer dunklen Gasse oder in einem Auto. Und den Rest kann sie sich denken.
Eines Abends beschließt sie, es zu machen. Sie geht zu einem Hotel und stellt sich ein bißchen abseits. Zuerst kommt ein großer, fetter Mann heraus. Ihr wird fast schlecht beim bloßen Gedanken. Ihn schafft sie nicht, auch wenn sie noch so fest die Augen zumacht. Aber der Mann hat sie schon entdeckt und kommt auf sie zu.
»Und was möchtest du dafür haben, einen netten Onkel glücklich zu machen?« fragt er.
Der Preis! Daran hat sie überhaupt nicht gedacht. Außerdem will sie nicht mit diesem Mann. Sie quetscht also eine Summe zwischen den Zähnen hervor, die ihn abschrecken soll.
Er winkt sofort ein gelbes Taxi herbei und zieht Isabel zu sich auf den Rücksitz. Dann sagt er in gebrochenem Portugiesisch, daß der Chauffeur eine Runde fahren soll, und der weiß offenbar genau, was er zu tun hat.
Isabel verspürt unerträglichen Ekel, als der große, massige Körper verschwitzt und schwer auf ihr lastet, und sie schreit vor Schmerz, als er in sie eindringt. Sie versucht, an

Luiz zu denken, aber das macht es auch nicht besser, denn dann bereut sie nur, daß sie es gemacht hat.

Hinterher läuft sie zum Strand hinunter und wirft sich ins Wasser. Es ist ihr egal, daß es spät ist und die Leute sie anstarren. Sie hat sich in ihrem ganzen Leben noch nie so schmutzig gefühlt.

Sie sitzt noch eine Weile am Strand und starrt aufs Wasser, bis ihr einfällt, das Geld zu zählen, das sie von dem Mann bekommen hat. Die Summe stimmt. Als sie Luiz das Geld gibt und ihm erzählt, wie sie es verdient hat, schlägt er sie. Fest und böse.

»Behalt dein schmutziges Geld«, sagt er und dreht ihr den Rücken zu.

»Aber Amélias Geld nimmst du, was?« sagt Isabel.

»Verdammt, Isabel!« sagt er nur.

Dann geht er und schläft in dieser Nacht nicht bei der Gruppe.

Aber am nächsten Morgen ist er wieder da und zieht sie weg von den anderen.

»Es gefällt mir nicht«, sagt er. »Aber früher oder später wärst du doch da gelandet, also mach weiter, wenn du willst. Aber ich will die Hälfte.«

Isabel macht weiter, und allmählich gewöhnt sie sich daran. Als Luiz dann nachts zu ihr zurückkommt, hat sie trotz allem etwas davon. Amélia sagt nichts dazu. Die Gruppe ist größer geworden, und sie schläft mit den anderen.

Isabel verdient jetzt soviel Geld, daß sie sich satt essen kann, zumindest an den Abenden, an denen es ihr gelingt,

einen Kunden aufzureißen. Und das ist beileibe nicht jeden Abend der Fall.
Eines Nachts, als Luiz besonders lieb und zärtlich war, ist Isabel kurz davor, ihm von dem Kind zu erzählen. Und dann tut sie es doch nicht, sie will ihn nicht sagen hören, daß jeder x-beliebige Freier der Vater ihres Kindes sein kann. Deshalb verrät sie nichts. Sie muß sich auf jeden Fall morgens nicht mehr übergeben, und das ist ja immerhin etwas.

26

Eines Abends, als Isabel mit ihrer Plastiktüte die Avenida Atlántica entlanggeht, hat sie Glück und bekommt fast eine halbe Pizza, die jemandem nicht schmeckt.
Sie stopft sie in die Tüte und läuft über die Straße, um zum Strand hinunterzugehen, wo sie sich in eine Ecke setzen und die Pizza essen will. Sie sieht deshalb nicht, daß ein weißer Jugendlicher ihr auf einem Skateboard entgegenkommt. Er sieht sie auch nicht. Beide sind so sehr mit sich beschäftigt, daß sie nichts merken, bevor sie zusammenstoßen und ineinander verkeilt auf dem Straßenpflaster liegen. Isabel ist zuerst wieder auf den Beinen.
»Meine Pizza!« schreit sie und sieht, wie ein Straßenjunge, der in der Nähe gestanden hat, die ganze Herrlichkeit hinunterschlingt. Ihr erster Gedanke ist, zu ihm hinzulaufen und ihm das, was noch übrig ist, wegzureißen. Da hört

sie, wie der Junge, mit dem sie zusammengestoßen ist, laut jammert. Er kann nicht aufstehen. Die Leute bleiben stehen.
»Was ist passiert?« fragt jemand.
»Er hat mich umgefahren!« rechtfertigt sich Isabel.
Aber um sie kümmert sich niemand. Der Junge liegt auf dem Boden und windet sich vor Schmerzen. Isabel bekommt Angst. Und wenn er sich nun sehr weh getan hat und alle denken, daß es ihre Schuld ist? Dann wird sie vielleicht der Polizei übergeben. Sie geht neben ihm in die Hocke.
»Wo tut es denn weh?« fragt sie.
»Hau ab!« sagt eine blonde Frau mit einem Sonnenhut, der so häßlich ist, wie er groß ist. »Hast du nicht schon genug angerichtet?«
»Das Mädchen kennt sich aus. Sie hat schon Kranke versorgt«, tönt da eine Stimme aus der Menge.
Isabel erkennt eine von Dona Marys Kundinnen.
»Was tut dir weh?« fragt sie noch einmal.
»Die Hand«, sagt der Junge. »Und der eine Fuß.«
Isabel nimmt vorsichtig seine Hand.
»Das Handgelenk ist gebrochen«, sagt sie mit Bestimmtheit. »Du mußt ins Krankenhaus.«
In der Favela hat Dona Mary gebrochene Handgelenke selbst geschient. Aber das wagt sie hier nicht vorzuschlagen. Sie untersucht den schmerzenden Fuß. Er brüllt, als sie ihn anfaßt.
»Das fühlt sich schlimmer an, als es ist. Er ist nur verstaucht. Aber du mußt ins Krankenhaus.«
»Ich kann ihn hinfahren«, sagt die Frau mit dem häßlichen Sonnenhut.

Aber da kommt eine andere Frau angelaufen.
»Ricardo, mein Schatz, was ist passiert?«
Es ist seine Mutter.
»Er hat mich umgefahren mit seinem Skateboard«, erklärt Isabel. »Er hat sich das linke Handgelenk gebrochen und den rechten Fuß verstaucht.«
Die Frau hat freundliche Augen.
»Und du? Hast du dir etwas getan?« fragt sie.
Isabel hat sich die Knie und den einen Ellbogen aufgeschürft.
»Ist schon in Ordnung«, sagt sie kurz.
»Du solltest die Wunden reinigen«, sagt die Frau. »Komm mit mir zum Auto, ich helfe dir.«
Die Frau reinigt Isabels Wunde mit Jod, dann holt sie ein Pflaster heraus und klebt es auf.
»Wie heißt du?« fragt sie dabei.
»Isabel«, antwortet Isabel und schaut das Pflaster an, als ob sie ein neues Kleid bekommen hätte.
Es sieht richtig schick aus.
Ehe die Frau mit dem Jungen davonfährt, bekommt Isabel eine ganze Tüte mit frischen Brötchen und ein paar Mangos, die auf dem Rücksitz des Autos gelegen hatten.
In dieser Nacht schläft die Gruppe wieder vor dem Schaufenster mit dem Fernseher. Isabel ist satt und braucht nicht zu den Hotels, um Kunden aufzureißen. Luiz kommt und legt sich neben sie auf das Kartonstück. Sie starren auf den Fernseher und sehen ein Basketballspiel an, dann kuscheln sie sich aneinander. Luiz will sie nur in den Armen halten, und sie schlafen sofort ein. Die Pflaster hat sie beinahe

sofort wieder abgemacht, um keine Fragen beantworten zu müssen. Daß sie überall ein paar Schürfwunden hat, ist nichts Besonderes. Das haben sie alle.

Viele Wochen später, als Isabel wieder die Avenida Atlántica entlanggeht, hört sie, daß jemand ihren Namen ruft. Erst reagiert sie nicht, denn wer sollte sie rufen? In der Gruppe rufen sie einander nie beim Namen. Wenn man etwas von jemandem will, läuft man ihm oder ihr hinterher. Es ruft wieder, und auf einmal kommt der weiße Junge, mit dem sie zusammengestoßen war, auf sie zu. Sein Handgelenk ist noch eingegipst. Isabel gefällt es überhaupt nicht, daß er sie beim Namen gerufen hat. Die Leute starren sie schon an. Und natürlich starren sie, weil ein weißer Junge einer wie ihr hinterherruft.

»Danke, daß du mir geholfen hast«, sagt er.

»Ich habe dir gar nicht geholfen. Ich habe nur gesagt, was Sache ist.«

Er sieht ziemlich gut aus. Groß und braungebrannt. Vielleicht etwas älter als Luiz.

»Hast du Hunger?« fragt er.

Isabel antwortet nicht. Sie findet die Frage bescheuert. In ihren Kreisen ist man immer mehr oder weniger hungrig. Meistens mehr.

»Komm«, sagt er, faßt sie am Arm und zieht sie hinter sich her zu einem Restaurant.

Sie versucht, sich zu wehren. Aber er ist stark.

»Kapierst du nicht, daß ich da nicht reingehen kann, die holen doch sofort die Polizei«, sagt sie.

»Wohl kaum«, entgegnete der Junge. »Das Lokal gehört meinem Onkel.«
Isabel ist so verblüfft, daß sie nichts mehr sagt, und kurz drauf sitzt sie ihm gegenüber. Der Kellner legt eine große Mappe mit verschnörkelten Buchstaben vor sie hin. Sie weiß schon, daß da drinsteht, was es zu essen gibt. Aber sie kann ja nicht lesen.
»Such dir aus, was du möchtest«, bietet der Junge großzügig an.
»Ich nehme das gleiche wie du«, sagt sie. »Ich esse alles.«
Sie schaut sich mit nervösen Blicken um. Sie hat das Gefühl, daß alle sie anglotzen. Der Junge bestellt zwei Pizzen und zwei Guaranás.
»Meine Mutter hat hier unten schon öfter nach dir gesucht, und ich auch«, erzählt der Junge weiter.
»Und warum?« fragt Isabel erstaunt.
»Sie fährt regelmäßig die Strände entlang und verteilt Brötchen und Obst an die Straßenkinder. Sie hilft auch in einer Favela, Analphabeten zu unterrichten.«
»Was sind denn . . . Alpha?«
»Ein Analphabet ist ein Mensch, der weder lesen noch schreiben kann.«
»Wozu soll man das auch können?« fragt Isabel. »Dafür bekommt man nichts zu essen in den Bauch.«
»Aber man kann vielleicht eine Arbeit finden, und da verdient man Geld, und so bekommt man etwas zu essen.«
»Bei den Jobs, die ich habe, reicht es, wenn man zählen kann, damit man nicht betrogen wird.«
»Was hast du denn für Jobs?«

»Ich schlafe mit Männern. Aber ich habe auch schon als Parkplatzwächter gearbeitet, und dann habe ich geholfen, Kranke zu heilen, und habe Salben und Tees gemacht.«
Der Junge sagt eine Weile nichts mehr. Endlich kommen die Pizzen.
Isabel reißt wie immer ein Stück mit der Hand ab. Aber gerade als sie in die Köstlichkeit hineinbeißen will, merkt sie, wie die Leute sie angaffen. Sie legt die Pizza wieder auf den Teller.
»Ich habe keinen Hunger«, sagt sie leise.
»Sollen wir vielleicht lieber alles mitnehmen und uns an den Strand setzen?« fragt der Junge.
Isabel nickt verlegen, und er bittet den Kellner, die Pizzen in einen Karton zu verpacken. Außerdem bestellt er noch zwei Limonaden.
Unten am Strand fühlt Isabel sich bedeutend besser. Und nachdem sie die halbe Pizza gegessen hat, findet sie es sogar richtig nett, mit diesem gutaussehenden jungen Mann da zu sitzen. Er redet sehr viel und fragt eine Menge, zum Beispiel, wie es ist, auf der Straße zu leben. Da sie ja Erfahrung hat, redet auch sie einfach drauflos. Sie erzählt auch von Dona Mary und Amigo, der Samba tanzen konnte, und der Junge lacht, daß die Limonade spritzt. Da entdeckt Isabel ein Stück weiter weg Luiz. Sieht er sie? Sieht er, daß sie hier mit einem gutaussehenden Weißen sitzt und Pizza ißt? Ja, er sieht sie. Er geht weiter, aber er hat sie gesehen.
Das geschieht ihm ganz recht, nach der Sache mit Amélia, denkt Isabel.

Luiz kommt in dieser Nacht spät zur Gruppe. Die meisten schlafen schon. Isabel tut auch so, als ob sie schliefe. Er kriecht ohne ein Wort neben sie. Aber am nächsten Morgen nimmt er sie zur Seite und schimpft mit ihr.
»Hast du mit ihm geschlafen?«
»Mitten am Tag und direkt am Strand, spinnst du?«
Sie erzählt von dem Zusammenstoß und daß er sie zum Dank für ihre Hilfe zur Pizza eingeladen hat.
»Und du bist natürlich so bescheuert, daß du einem reichen weißen Typ glaubst, daß er dich zur Pizza einlädt, nur weil du ihm gesagt hast, daß er sich die Hand gebrochen hat. Verflucht, Isabel, du machst mich wahnsinnig! Verstehst du nicht, daß so ein Typ wie der sich nicht mit einem dreckigen Straßenkind, wie du es bist, einläßt, ohne einen Grund zu haben. Wenn er einen Fick gewollt hätte, das hätte ich verstanden.«
»Vielleicht wollte er wirklich nur freundlich sein, wie seine Mutter. Sie fährt umher und verteilt Brötchen und Obst an solche wie uns, außerdem hat sie eine Schule oben in einer Favela und bringt den Leuten lesen und schreiben bei . . . Er hat gesagt, daß ich auch hingehen und es lernen könnte. Und daß es wichtig ist, daß man es kann.«
»Ja, und vielleicht wirst du irgendwann sogar Präsident.«
»Ich glaube, daß sie einfach nur nett waren.«
»Worüber habt ihr geredet? Worüber konntet ihr zwei euch unterhalten?«
»Er hat gefragt, wie es ist, auf der Straße zu leben.«
Jetzt ist Luiz nicht nur ärgerlich, jetzt blitzt auch Angst in seinen Augen auf.

»Du hast doch hoffentlich nicht ausgeplaudert, wo wir schlafen . . . und so?«
Sie schüttelt den Kopf, schaut aber auf die Straße, denn genau über solche Sachen haben sie geredet.
Luiz dreht sich plötzlich um und verschwindet. Seine Unruhe macht ihr angst. Nun findet sie es auch merkwürdig, daß sich der Junge so dafür interessiert hat, wie man auf der Straße lebt. Obwohl seine Mutter doch so nett zu ihr war.
Schon am selben Abend weiß Luiz mehr.
»Seinem Vater gehört ein Hotel, seinem Onkel zwei Restaurants und eine Pizzeria, seiner Tante eine Ladenkette. Sie sind steinreich. Die scheißen Gold und pissen Silber. Und solche Leute geben sich nicht mit unsereinem ab. Sie *bezahlen* dafür, daß wir einen Schuß ins Genick bekommen. Und falls seine Mutter tatsächlich ein schlechtes Gewissen haben sollte und es beruhigt, indem sie mit Brötchen um sich wirft, dann heißt das noch lange nicht, daß ihr Mann und ihr Sohn genauso denken.«
Isabel widerspricht nicht. Alle schauen sie an, als ob *sie* gedroht hätte, ihnen den Hals durchzuschneiden.
»Wir müssen uns neue Schlafplätze suchen. Neue Straßen. Und wir bleiben immer nur eine Nacht.«
Für die kommende Nacht beschließen sie, in einer Straße zu schlafen, in der fast immer Leute unterwegs sind. Sie sammeln schnell ihre Kartonstücke ein und machen sich auf den Weg.

27

Die Gruppe beschließt, sich eine Weile sehr zurückzuhalten. Vom Handtaschenrauben kann überhaupt keine Rede mehr sein. Sie haben sogar Angst, zu betteln und auf den Märkten Früchte aufzusammeln. Alle sehen überall nur Wachen und Polizisten. Lidia traut sich nicht, unten am Strand zu stehlen. Isabel fühlt sich nur noch schuldig und unsicher und traut sich auch abends nicht, die Kerle anzusprechen. Wieder einmal sind Amélia und Luiz die einzigen, denen es gelingt, ein bißchen Geld aufzutreiben.
Luiz macht wieder Botengänge für die Drogendealer in der Favela, und Isabel weiß, daß es gefährlich für ihn ist, weil die Polizei schon einmal auf ihn aufmerksam geworden war.
Aber die Wochen vergehen, und nichts passiert ihnen, und sie werden langsam wieder mutiger. Der ständige Hunger zwingt sie dazu.
Auch Isabel fühlt sich wieder besser. Es war schon so, wie sie geglaubt hat. Der Junge und seine Mutter wollten nur freundlich sein.
Eines Tages ist Lidia ihr dabei behilflich, ein Top und Shorts unten am Strand zu stehlen. Dann leiht sie sich Amélias Schminksachen aus. Das Top ist wahnsinnig kurz, aber sie hat festgestellt, daß die weißen Männer von ihrer nackten braunen Haut aufgegeilt werden. Die Geschäfte gehen wieder besser, das Selbstvertrauen wächst, und sie hat eine Idee: Anstatt vor den kleineren Hotels herumzulungern, wird sie nun die richtig großen angehen. Die Mädchen, die dort arbeiten, sind erheblich älter und haben alle Zuhälter,

und sie wollen auch keinerlei Konkurrenz. Schon gar nicht von so kleinen Mädchen wie Isabel. Es gibt viel zu viele Männer, die ein frühreifes Mädchen einem älteren und verbrauchteren vorziehen.
Isabel setzt sich ein Stück weiter weg, damit keines von den erwachsenen Mädchen sie sieht. Sie will die Lage erkunden und überlegen, wie sie hier an einen Mann kommt, ohne daß es jemand merkt.
»Traust dich wohl nicht, zu den großen Mädchen zu gehen, was?« sagt plötzlich eine Stimme hinter ihr.
Da steht ein jüngerer Herr, ja, man muß ihn so nennen, denn er ist ganz anders als die Kerle, mit denen sie sonst mitgeht. Er ist jung, sieht gut aus und ist sehr vornehm angezogen.
Sie antwortet ihm nicht. Sie ist unsicher. Er mustert sie von Kopf bis Fuß und bittet sie aufzustehen. Sie macht, was er sagt. Etwas in seinem Blick läßt sie gehorchen.
Einen Moment lang hat sie Angst, daß es ein Bulle in Zivil sein könnte. Aber ein Bulle könnte sich so teure Kleider nicht leisten.
»Wieviel willst du für eine ganze Nacht?«
Sie starrt ihn bloß an. Einerseits, weil er ausgerechnet sie fragt. Er, der aussieht, als ob er sämtliche Luxushuren der Copacabana gleichzeitig kaufen könnte. Und andererseits, weil noch nie jemand sie nach einer ganzen Nacht gefragt hat.
Da zieht er ein dickes Bündel Geldscheine aus der Tasche. Sie hat noch nie so viele und so große Scheine auf einmal gesehen. Das macht sie noch unsicherer und nervöser.

»Sie gehören dir, wenn du machst, was ich will«, sagt er und lächelt sie an.
In ihr klingeln alle Alarmglocken, aber dann sieht sie Luiz' freudiges Gesicht vor sich, wenn sie ihm das Geld gibt. Endlich kann sie wiedergutmachen, daß er und die anderen durch ihre Schuld so viel Angst ausstehen mußten. Und Luiz bräuchte eine Weile nicht mehr seine gefährlichen Botengänge zu machen.
Mit diesen Gedanken im Kopf flüstert sie: »Was wollen Sie von mir?«
»Das wirst du schon sehen«, antwortet er. »Kommst du?«
Es ist mehr ein Befehl als eine Frage, und als er ihre Hand nimmt und sie zu einem großen schwarzen Privatwagen führt, kommt die Angst wieder, und dieses Mal läßt sie sie nicht mehr los.
Er will sie töten, Polizist oder nicht, er will sie töten.
Sie versucht, sich loszureißen, aber er ist zu schnell, und bevor sie auch nur einen Schritt zur Flucht machen kann, hat er sie ins Auto gezogen, das sofort davonfährt. Er hat sogar einen eigenen Chauffeur.
»Ganz ruhig«, sagt er. »Wovor hast du denn Angst? Es ist doch nicht das erste Mal für dich. Wir machen es uns richtig nett.«
Isabel versucht zu hören, was er sagt, und es zu glauben. Aber sie kriegt es nicht zusammen. Nicht so viel Geld für eine Nacht mit so einer wie sie.
Der Chauffeur bringt sie zu einem kleinen, schäbigen Hotel in einer dunklen Seitenstraße.
Die Frau hinter dem Empfangstresen ist überhaupt nicht

verwundert, als das ungleiche Paar auf sie zukommt. Er gibt ihr einige Scheine, sie ihm einen Schlüssel. Sie reden kein Wort miteinander. Er ist also nicht zum erstenmal hier. Isabel versucht zu überlegen, ob das ein gutes oder ein schlechtes Zeichen ist, aber sie kommt nicht sehr weit, weil er sie schnell die Treppe hochschleppt und in ein dunkles, schlechtriechendes Zimmer stößt und die Tür zuschließt. Sie sieht, wie er den Schlüssel in die Jackentasche steckt. Dann zieht er die Jacke aus und hängt sie über einen Stuhl. Er ist eines der beiden Möbelstücke im Zimmer. Das andere ist das Bett.

»Zieh dich aus!« befiehlt er.

Sie tut, was er sagt, und legt die Shorts und das Top auf den Stuhl neben die Jacke. Noch niemand hat sie je so gesehen. Sein Gesicht, das noch vor einer Weile so freundlich lächelte, ist jetzt voller Abscheu, und sein weicher, beinahe schöner Mund ist eine einzige verzerrte Grimasse.

»Leg dich aufs Bett«, sagt er und holt einen Schal und einige Seile aus der Tasche.

Noch bevor Isabel schreien kann, hat er ihr den Mund zugebunden. Dann drückt er sie auf die schmuddelige Tagesdecke und bindet ihre Arme und Beine an den Bettpfosten fest. Mit all den Geschichten im Kopf von den Mördern, die ihren Opfern zuerst Ohren und Zungen abschneiden, betet Isabel jetzt zu einem Gott, der sie bisher nicht davon hat überzeugen können, daß es ihn wirklich gibt.

Der Mann sieht ihre Angst, und seine Augen leuchten.

»Jetzt ist nicht mehr viel übrig von der kleinen Hure, was?« fragt er lachend. »Ich weiß genau, was du denkst. Du denkst: ›Jetzt tötet er mich und wirft mich in so einem schwarzen Sack in eine Mülltonne vor dem Hotel.‹ Das denkst du doch, nicht wahr?«

Isabel verfolgt entsetzt mit den Augen, wie er einen schwarzen Plastiksack unter dem Bett hervorzieht. Dann geht er zu seiner Jacke und holt einen Revolver heraus.

»Wo willst du den Schuß?« fragt er und dreht ihren Kopf, so daß sie die Revolvermündung im Nacken spürt.

»Nein, das wäre zu einfach. Hier vielleicht?«

Diesmal drückt er die Revolvermündung an ihren verbundenen Mund. Isabel hat solche Angst, daß sie nichts mehr spürt. Es ist, als ob sie schon tot wäre.

»Nein«, sagt er, als er ihren jetzt leeren und gleichgültigen Blick sieht. »Nein, ein Hurenbalg erschießt man nicht so. Ein echtes Hurenbalg erschießt man so!«

Er stößt den Revolver in ihren Unterleib, sie schließt die Augen. Als sie hört, wie er abdrückt, explodiert ihre Seele in tausend Stücke, die nie wieder zusammengesetzt werden können.

Er lacht hysterisch, als er den Revolver wieder in die Jacke steckt und statt dessen ein Stilett herausholt. Es macht einen Knall, als er die Klinge herausspringen läßt.

»Ein Hurenbalg kommt nicht so leicht davon. Das muß gezeichnet werden. So nämlich!«

In wilder Raserei wirft er sich auf sie und dringt in sie ein und ritzt ihren Hals mit dem Messer. Als er das Blut sieht, kommt es ihm.

Danach lockert er die Fesseln, legt sich neben sie und schläft ein.

Isabel bleibt eine Weile wie betäubt liegen, dann rollt sie sich so leise wie möglich auf den Boden und reißt den Schal von ihrem Mund ab. Vorsichtig nimmt sie ihm das Stilett aus der Hand und klappt es ein. Dann zieht sie sich an, steckt das Stilett in die Shorts, holt das Geld und den Schlüssel aus der Jackentasche, schließt das Zimmer auf und verläßt das Hotel. Die Frau am Empfang würdigt sie keines Blickes.
Sie läuft durch die Straßen, bis der Morgen graut. Erst dann geht sie zu dem Platz, wo die Gruppe heute nacht schlafen wollte. Aber da ist niemand. Hat sie sich geirrt? Nein, sie haben beschlossen, hier, wo sie jetzt steht, zu schlafen. Vielleicht ist etwas während der Nacht passiert, und sie haben die Straße gewechselt. Sie geht zu allen Plätzen, die ihr einfallen . . . aber sie findet sie nirgends.

Als Isabel nach dieser Nacht in der Tonne am Strand aufwacht, versucht sie noch einmal im Kopf all die Stellen durchzugehen, wo sie Luiz und die Gruppe finden könnte. Aber es fallen ihr keine mehr ein. Sie hat schon überall gesucht. Und wo ist Sidney und seine Gruppe? Es muß etwas passiert sein, und sie muß jemanden finden, der etwas weiß.
Sie kriecht aus der Tonne und durchsucht noch einmal das ganze Viertel.
Ein kleiner Junge, der Erdnüsse verkauft, erzählt es ihr.
»Sie haben gestern nacht aufgeräumt«, sagt er. »Sie haben Luiz und alle mitgenommen. Und warum warst du nicht dabei, du bist doch sonst immer bei ihm?«
»Ich habe gearbeitet«, sagt Isabel. »Sind sie zur Polizeistation gefahren worden?«
Er schüttelt den Kopf.
»Zur Hölle haben sie sie gefahren. Mein Onkel hat es gesehen.«
»Wo ist Sidney?«
»Er hat Angst gekriegt und ist abgehauen. Alle haben sich in die Hosen geschissen und sind abgehauen.«
Isabel gibt nicht auf. Sie will es genau wissen. Deshalb sucht

sie weiter. Jetzt vor allem Sidney. Sie geht hinauf ins Zentrum zur Cinelandia und Carioca und fragt alle, die etwas wissen könnten. Schließlich findet sie einen, der weiß, wo Sidney sein könnte.

»Er wollte nach Santa Teresa hinauf«, sagt er. »Das macht er immer, wenn es an der Copacabana zu heiß wird.«

»Führ mich zu ihm«, sagt sie und gibt ihm einen so großen Geldschein, daß er nicht nein sagen kann.

Sie gehen ziemlich weit im Viertel Santa Teresa hinauf, fast bis zur Favela. Aber sie gehen nicht in die Favela hinein, sondern zu einigen Hügeln in der Nähe, wo sie durch das Gebüsch den Berg hochklettern.

»Da sind so ein paar Hütten, und da ist er meistens.«

Richtig, Sidney und noch ein paar andere sitzen in einer Kartonhütte. Er schaut, als ob er ein Gespenst sähe, als Isabel hineinkommt.

»Wie in aller Welt bist du davongekommen?«

»Ich war nicht da. Ich habe gearbeitet. Ich will wissen, was passiert ist.«

Sidney erzählt, was er gehört hat. Es war ein »Aufräumkommando«. Sie haben alle mitgenommen. Sie haben sie im Schlaf überrascht.

»Es war eines der schlimmsten Kommandos, du kannst dich also darauf verlassen, daß sie ihren Job gründlich gemacht haben.«

»Was machen sie hinterher mit ihnen?«

»Es kommt darauf an, wo sie es gemacht haben. Aber diese Bande scheint Müllkippen zu lieben.«

»Und welche Müllkippen sind ihnen die allerliebsten?«

Sidney zählt drei auf.
Als Isabel sich zum Gehen umdreht, sagt er: »Nicht daß ich mich gerade danach sehnen würde, zur Zeit jemanden aus Luiz' Gruppe bei mir zu haben, aber du kannst ja schließlich nicht alleine herumstolpern, du kannst also hierherkommen, wenn du fertig bist mit dem, was du vorhast.«
»Ich kriege ein Kind«, sagt Isabel.
»Das kannst du doch loswerden.«
»Ich will es haben!«
Sidney zuckt die Schultern.
»Du hast sie zwar nicht mehr alle, aber das ist dein Problem. Wir bleiben eine Woche hier. Dann ziehen wir uns zurück und suchen uns was außerhalb der Stadt. Ich werde den Teufel tun, jetzt in der Stadt zu bleiben.

Schon am selben Nachmittag durchsucht Isabel systematisch die nächstgelegene Müllkippe, von der Sidney gesprochen hat. Das dauert den Rest des Tages, und es wird dunkel, während sie noch dort ist. Isabel rollt sich in einer Höhlung unter einem Stück Karton zusammen und versucht zu schlafen.
Am nächsten Tag macht sie bei der nächsten Müllkippe weiter. Es sind riesige Berge von Abfall, in denen sie herumklettern und wühlen muß. Sie sucht den ganzen Tag zwischen den Fliegen und dem Dreck und will schon aufgeben, als sie hinter einem Stück Karton ein Paar Beine herausragen sieht. Sie geht so leise wie möglich hin, es könnte ja auch jemand dort schlafen.
Es ist Lidia. Oder besser, die Reste von ihr. Denn anders kann man den mißhandelten, zerschossenen Mädchenkörper nicht

bezeichnen. Isabel hält die Hände vors Gesicht, um das, was sie sieht, aus ihrem Kopf zu löschen. Aber es geht nicht. Lidia liegt, wo sie liegt, und sieht aus, wie sie aussieht.
Nach einer Weile sucht sie weiter, und nur ein paar Meter entfernt findet sie ihn. Sie erkennt ihn an den Shorts. Der Kopf ist eine einzige blutige Masse, die Ohren sind abgeschnitten. Er ist mit mehreren Schüssen getötet worden. Aber seine Augen hat er noch. Sie starren ins leere Nichts.
Sie bleibt einfach still stehen und versucht zu begreifen, was sie sieht. Schließlich bückt sie sich und nimmt das, was einmal Luiz' Kopf gewesen ist, auf den Schoß. Sie scheucht mechanisch die Fliegen weg. Sie sucht fieberhaft in sich nach etwas wie Trauer, stellt aber fest, daß das ein Luxus ist, der Menschen wie ihr nicht vergönnt ist.
Statt dessen sucht sie nach einem Brett und gräbt damit im Abfall. Als das Loch groß genug ist, zieht sie seinen Körper hinein und bedeckt ihn mit Abfall.
Danach sucht sie weiter. Sie sind alle da. Alle, außer Amélia. Sie hat wahrscheinlich auch gearbeitet und ist deshalb davongekommen.
Sie vergräbt auch Lidia, dann kann sie nicht mehr. Sie sucht eine Höhlung, in die sie sich verkriechen kann. Morgen gehe ich zurück zu Sidney, denkt sie. Seine Gruppe ist bestimmt genauso gut wie alles andere.
Und allein schafft sie es nie.
Gerade bevor sie einschläft, hat sie das Gefühl, daß sich etwas in ihrem Bauch bewegt. Es kann natürlich Einbildung sein. Aber wer weiß, mit Luiz als Vater fängt man früh an.

Nachwort

Bevor ich den Roman über Isabel geschrieben habe, verbrachte ich dreieinhalb Monate in Rio de Janeiro. Die Geschichte beruht auf den Erzählungen der Straßenkinder, auf Interviews, auf der Arbeit mit Erwachsenen und Organisationen, die den Kindern helfen, und auf meinen eigenen Beobachtungen und Erfahrungen.

Laut UNICEF gibt es auf der Welt ungefähr 100 Millionen Straßenkinder, davon mindestens ein Drittel in Lateinamerika.

Ein Teil der Kinder wohnt mit Vater oder Mutter oder einem anderen Erwachsenen in den allerärmsten Slumvierteln. Die meisten leben aber auf der Straße, wo sie Krimskrams verkaufen, Windschutzscheiben saubermachen, Schuhe putzen, Autos beim Einparken helfen, betteln, stehlen oder sich prostituieren. Alles, um sich selbst oder ihre Familien zu versorgen.

Ein Teil der Kinder hat überhaupt kein Zuhause, sondern wohnt und lebt ganz auf der Straße. In Brasilien soll es acht Millionen solcher Kinder geben.

In vielen Ländern Lateinamerikas werden diese Straßenkinder als eine Art Ungeziefer betrachtet, das ausgemerzt

werden muß. Sie stören die Touristen, heißt es. Deshalb läßt man sie ermorden.
Die Todesschwadronen, zu denen auch Zivilpolizisten gehören, werden von den Geschäfts-, Hotel- und Restaurantbesitzern dafür bezahlt, auf den Straßen »aufzuräumen«. Ich selbst habe von Preisen von 10 bis 50 Mark pro Kind gehört.
Laut Amnesty International wurden zwischen 1988 und 1990 in Brasilien 5611 Kinder ermordet. 80 Prozent von ihnen waren schwarz. In den ersten sechs Monaten des Jahres 1993 gaben die Behörden an, daß allein in São Paulo und Rio de Janeiro 667 Kinder ermordet worden seien.
Am 24. September 1990 hat Brasilien die UN-Konvention über die Rechte der Kinder unterschrieben, das heißt eine Übereinkunft, die den Kindern das Recht auf Leben, Schutz und Entwicklung gewährt.

Mecka Lind

Nachwort

Brasilien ist mit ca. 8,5 Millionen km^2 das fünftgrößte Land der Erde, das von ca. 150 Millionen Menschen bewohnt wird. Nur 1% der Brasilianer verfügt über mehr als 50% des brasilianischen Territoriums.
Mehr als die Hälfte der Brasilianer ist weißer Hautfarbe, etwas mehr als ein Drittel sind Mischlinge, der Rest setzt sich aus Schwarzen, Asiaten und Indianern zusammen. Immer wieder wird Brasilien als Beispiel einer multikulturellen Gesellschaft genannt. Wer aber schwarze Haut hat, stößt im Alltag auf vielerlei Barrieren. Gemessen am Bruttosozialprodukt steht Brasilien auf dem zehnten Platz der Industrienationen. 36 Millionen Kinder leben unterhalb der Armutsgrenze. Etwa acht Millionen Kinder leben auf der Straße.
Aus diesen knappen Angaben kann man bereits die Grundprobleme des Landes ersehen, die Ungerechtigkeit bei der Verteilung von Kapital sowie von Grund und Boden einerseits, die Rassendiskriminierung andererseits.
Die meisten Straßenkinder kommen aus schwarzen Familien, die in Elendsvierteln leben. Die Kinder wandern auf die Straßen ab, um den psychischen und physischen Mißhandlungen durch die Eltern zu entfliehen. Manche

Kinder verlassen auch ihre Familien, um diese finanziell zu entlasten. Waisenkinder sind auf der Straße kaum anzutreffen.
Wer einmal auf der Straße gelandet ist, findet so leicht nicht mehr zurück. Die Alters- und Leidensgenossen auf der Straße geben ein Gefühl von »Familie« und »Zuhause«. Die Kinder genießen die Freiheiten der Straße, die allerdings einen hohen Preis haben: Mittellose Kinder schlagen sich mit Bettelei, Diebstahl, Überfällen und Prostitution durch. Wenn sie betteln, belästigen sie die Menschen. Wenn sie stehlen, machen sie den Menschen auch angst. Für die zweifellos kriminellen Aktivitäten der Straßenkinder ist dann die Polizei zuständig. Deren Möglichkeiten sind allerdings durch die Gesetzgebung Brasiliens begrenzt, es gibt kaum Handhabe, die Kinder- und Jugendkriminalität einzudämmen. Das führt wiederum dazu, daß Geschädigte, Belästigte und Bedrohte und auch die Gesetzeshüter selbst zu eigenen »Methoden« greifen, um Ruhe und Ordnung wiederherzustellen bzw. zu sichern.
Inzwischen liest man auch in europäischen Zeitungen regelmäßig von den brutalen »Aufräumarbeiten« der Todesschwadronen in Brasilien und anderen Ländern Lateinamerikas. Diese Berichte werden aber wohl kaum dazu beitragen, daß weniger Touristen ihre Urlaubsreisen in diese Länder buchen. In Reiseführern wird vor den Diebstählen der Straßenkinder gewarnt. Daß sie umgebracht werden, um die Touristen nicht zu belästigen, will keiner hören.
Brasilien hat seit 1990 ein neues Kinder- und Jugendschutz-

gesetz, welches besagt, daß Kinder nicht diskriminiert werden dürfen, daß allen eine gleichwertige Schulbildung zusteht, daß Kinder nicht mißhandelt oder ins Gefängnis gesteckt werden dürfen ... Daß dieses Gesetz nur auf dem Papier existiert, muß nicht betont werden.

Die Realität sieht leider anders aus: So ist es in Brasilien nicht schwierig, wenn auch nicht legal, sich ein Kind, das sich prostituiert, für ein paar Stunden zu kaufen. Wird dem Kind aber von einer karitativen Einrichtung Unterkunft und Schulunterricht angeboten, stehen die zuständigen Behörden sofort vor der Tür, kontrollieren und kritisieren. Es kann dann durchaus passieren, daß von Ausbeutung der kindlichen Arbeitskraft gesprochen wird, wenn die Kinder z. B. einen Schlafraum streichen, um ihre eigenen vier Wände zu gestalten. Dann kann schnell eine Anzeige drohen. Man gewinnt den Eindruck, daß in Brasilien das Problem der Straßenkinder, wenn schon nicht verschwiegen, so doch verharmlost wird. Übertriebene Gesetze und Regelungen erschweren die Initiativen, die den Kindern helfen wollen. Offensichtlich geht es den Behörden darum, die Kinder eher zu verwahren, als sie zu resozialisieren.

Aber es geht auch anders: Als ich 1985 nach Cochabamba/Bolivien kam, lernte ich Kinder und Jugendliche auf der Straße kennen. Ich verbrachte mit ihnen viel Zeit in den Straßen, lernte dabei Spanisch und erfuhr von ihren Problemen. Schließlich merkte ich, daß es nicht genug ist, mit ihnen so manche Nächte und Abfälle zu teilen. Mit Hilfe von Freunden konnte ich am Stadtrand von Cochabamba ein altes Haus kaufen. Dieses Haus haben Kinder und

Jugendliche von der Straße gemeinsam renoviert und ausgebaut. Anfangs lebten wir noch ohne Strom und Wasser. Bald gaben zwei befreundete Lehrer Unterricht im Haus, um die Kinder auf die Schule vorzubereiten. Dann fiel mir auf, daß auch viele Eltern um uns herum ihre Kinder nicht in die Schule schickten. Staatliche Schulen funktionieren meist nicht, und private Schulen sind unbezahlbar. So gründete ich 1988 die erste anerkannte Privatschule, die kein Schulgeld verlangt und ausschließlich Kindern offensteht, die aus sozial schwachen Familien stammen, denn diese Kinder sind sehr gefährdet, auf die Straße abzurutschen. Seit 1994 bieten wir auch den Eltern unserer Schülerinnen und Schüler berufsorientierte Ausbildung an.
In São Paulo/Brasilien gründete ich inzwischen auch eine Wohngemeinschaft für ehemalige Straßenkinder, und in der Innenstadt habe ich ein Haus als erste Anlauf- und Beratungsstelle eingerichtet.
Das gesamte Projekt in Bolivien und Brasilien wird bis heute durch die Arbeit unserer Jugendlichen (Künstlerwerkstatt und Strickerei) und mit den Mitteln aus meinen Veröffentlichungen sowie mit Hilfe eines Freundeskreises in Deutschland und Luxemburg finanziert. Weder staatliche noch kirchliche Zuschüsse sind bisher in unsere »Casa Nuevo Amanecer« (Haus Neue Zeit) geflossen.
Die Situation der Kinder scheint auf den ersten Blick hoffnungslos, aber es gibt Wege, ihr Leben erträglicher zu machen. Deshalb sollten wir nicht müde werden, die Geschichte Isabels weiterzutragen und alles zu tun, damit immer mehr Menschen dem Verbrechen an Millionen von

Kindern den Kampf ansagen. Isabel ist nicht nur eine Romanfigur.

Frank Weber
Cochabamba/Bolivien

Kontaktadresse:
Straßenkinderhilfe e.V.
Krumme Gasse 3
97421 Schweinfurt
Tel./Fax: 0 97 21/2 15 55

Arena LIFE

Christian Bieniek
Immer cool bleiben

Marcel, 15 Jahre, schlägt sich mit einem ganzen Stapel von Problemen herum: Er liebt immer mindestens zwei Mädchen gleichzeitig, seine Eltern haben sich getrennt, er hat zuviel Pickel im Gesicht, seine Schulkarriere ist voll auf dem absteigenden Ast, und seine Band hat zwar mal wieder einen Auftritt, spielt aber unsagbar schlecht.

Wie Marcel die Dinge in den Griff bekommt (oder sie ihn?), das berichtet er selbst mit Witz, Pep und einer kräftigen Dosis Ironie.

176 Seiten. Gebunden. Ab 13

Arena LIFE

Arena LIFE

Isolde Heyne

Yildiz heißt Stern

Yildiz ist fünfzehn, und sie ist Türkin. Sie lebt wie viele Gleichaltrige zwischen Schule, elterlichem Geschäft, Disco, Freunden, Freizeitzentrum in einer deutschen Stadt, die längst ihre Heimat ist. Eines Tages wird sie von Skinheads angegriffen. Yildiz ist erschrocken, glaubt an eine Verwechslung. Doch was wie ein Zufall begann, gerät zum Alptraum.

Die Ereignisse betreffen alle, niemand kann sich heraushalten. Weder Yildiz' Eltern, die zwischen Weggehen und Bleiben schwanken, noch ihr Bruder, der mit Gewalt zurückschlägt. Und schon gar nicht ihr Freund Markus. Denn dessen Bruder ist ein fanatischer Skin. Eine aufrüttelnde Geschichte über die Folgen von Intoleranz und Ausländerfeindlichkeit, erzählt aus der Sicht einer Betroffenen.

160 Seiten. Gebunden. Ab 13

Arena LIFE

Arena LIFE

Werner J. Egli
Tarantino

Reichtum, Freiheit, Glück – davon träumen Tarantino, seine Schwester Marcela und sein Freund Jacinto. Sie alle sind als »illegale Einwanderer« von Guatemala nach Kalifornien gekommen.
Jacinto versucht im Drogen- und Waffenschmuggel Geld zu machen; Marcela wird die Geliebte eines Drogenbosses; Tarantino hat durch Leticia, in die er sich verliebt, die erhoffte Chance auf ein neues Leben. Doch dann wird Jacinto bei einem Racheakt getötet, und Tarantino steht vor dem Scherbenhaufen seiner Träume.
208 Seiten. Gebunden. Ab 13

Arena
LIFE